Carlos Barraqué

LO QUE ME DESCUBRIÓ MI AMIGO TALENTO

LID

MADRID | CIUDAD DE MÉXICO | BUENOS AIRES | BOGOTÁ
LONDRES | SHANGHÁI

LID EDITORIAL

A member of:
BPR
businesspublishersroundtable.com

Editorial Almuzara S.L.
Parque Logístico de Córdoba, Ctra. Palma del Río, Km 4, Oficina 3
14005 Córdoba
www.almuzaralibros.com
www.LIDeditorial.com

EAN-ISBN13: 978-84-10221-56-7
Directora editorial: Laura Madrigal
Editora de mesa: Paloma Albarracín
Corrección: Paloma Albarracín
Maquetación: produccioneditorial.com
Diseño de portada: Juan Ramón Batista
Impresión: Cofás, S.A.
Depósito legal: CO-567-2025

Impreso en España / Printed in Spain

Primera edición: abril de 2025

Te escuchamos. Escríbenos con tus sugerencias, dudas, errores que veas o lo que tú quieras. Te contestaremos, seguro: *info@lidbusinessmedia.com*

A ti, *amore*, por todo. Por quererme, por aguantarme, por confiar en mí, por hacer de nuestro camino el más bello y el más bonito. Por ser mi consultora, editora y parte fundamental de este libro.

A ti, mamá, y a ti, papá, por educarme desde la confianza, el respeto, la responsabilidad y el esfuerzo. Por enseñarme a amar a mi empresa y a mí mismo.

A ti, José, por abrirme todas las puertas y cuidarme durante toda la vida.

A vosotros, Sofía, Carlos, Lucía y Jorge, por ser los líderes de mi libro, de los que aprendo cada día a ser mejor persona.

A mi yaya, a mi papi, a mi Ángel, a mi Ovi, a mi Luis.

¡Os quiero!

Índice

Agradecimientos

Quiero dar las gracias a todas las personas con las que en algún momento de mi vida me he cruzado y, especialmente, a Palacios Alimentación por ser mi segunda casa y permitirme ser parte del secreto de una gran familia.

A Pedro Domínguez, por su confianza y apoyo incondicional en la publicación de este libro.

Al equipo directivo, al área de Personas y al resto de compañeros de Palacios por vuestro talento, rasmia, entrega y pundonor.

A Fran, por darme mi primera oportunidad y permitirme aprenderlo todo.

A mis amigos de Gestamp, por ser un equipo y una empresa increíble.

A Fernando Tobías, por animarme a terminar este libro y ayudarme a publicarlo.

A Javier Cantera, porque sin él esto no hubiese sido posible.

A Jorge y Elena, por su apoyo incondicional.

¡Muchas gracias!

Prólogo

Prologar es inducir e inducir es ilusionar. Y con toda la ilusión de un profesional de alto nivel de experiencia os puedo asegurar que estáis delante de una gran obra. No es una obra de grandes palabras y enormes referencias bibliográficas, sino un mosaico vivo de experiencias razonadas, narradas en forma de fábula empresarial.

Un libro es una receta original y única del autor. Y como él mismo procede de una empresa de ricos manjares, nos ofrece un gran presente a nuestro paladar. Carlos, con un acercamiento pragmático, nos presenta una visión destilada por su experiencia y con enorme aprendizaje basado en el sentido común. Y ¡qué falta hace en nuestro entorno del *management* tener libros realistas! Por tanto, este es un gran ejemplo de grandes conceptos en sencillas palabras, desprovistas de engolamientos académicos y entornos autorreferenciales, donde el talento cobra vida propia, se convierte en un personaje que nos guía, nos reta y nos enseña. Lo sencillo es bello, a la vez, que es muy útil. Este libro, posee la belleza de lo vivido y la verdad de lo razonado después de haberlo vivido. Frente a la plaga de los libros de autoayuda, donde desde una experiencia específica se pontifica para todo el mundo y donde emerge el sesgo de la autoconfirmación que imprime a todas las experiencias el esquema previo del autor, aquí tenemos un libro que desde la humildad y la honestidad nos explica el oficio del director de Recursos Humamos.

En el actual mercado de recursos humanos, hablar de experiencia de empleado está de moda. Pero si se quiere saber de verdad lo que es una experiencia de empleado hay que leer este libro. Desde la realidad de los momentos de la verdad de la gestión de personas, Carlos plantea una gran síntesis que rezuma pragmatismo y, como se suele decir, sabe de lo que habla. La experiencia del empleado no es una ruta teórica de gestión de personas, sino una dinámica que se traduce en una visión práctica del talento. Tu amigo talento es un gran término que nos aporta Carlos y que me ha enamorado, esa acepción de amigo desquitándole del aura de excepcionalidad y dejando claro que todos tenemos nuestro amigo Talento. Los talentos diversos que convergen en las empresas, y que en una relación dinámica empresas-personas configuran un alto nivel de compromiso. En este libro se ve claramente cómo el talento no es algo acrisolado, sino un proceso continuo de configuración a través de la experiencia del empleado.

Por tanto, este maravilloso *practicum* que, como sabéis, es el área académica cuya finalidad es poner en contacto al estudiante con la realidad profesional, nos ofrece un aprendizaje de enorme valor añadido. Me hubiese gustado, cuando empecé a ejercer en recursos humanos, haber tenido un *practicum* tan real y sencillo como este.

Y para terminar un prólogo —que si es largo es más un pre-logo, como decía Ortega y Gasset cuando hablaba de los prólogos que eran una tesis—, tan solo quiero recordar las tres ideas que más me han gustado. La primera, ya la he indicado, es la cercanía de entender el talento como un amigo. En segundo lugar, la sencillez con la que se abordan temas tan complejos como el liderazgo, la seguridad psicológica, el compromiso etc.Y, por último, la bonhomía del autor que se refleja en sus juicios y apreciaciones, que con tanta humildad se expresa. Cercanía, sencillez y humildad qué más podemos pedir a un libro.

En fin, como decía Josep Pla: «Lo más importante del amor es la prehistoria del sentimiento» y espero que este prólogo prehistórico incite a reflexionar sobre los interesantes mensajes de este libro. Porque, sin duda, es un libro hecho con mucho amor y que desborda experiencia y buen hacer. Gracias, Carlos.

Javier Cantera
Presidente de Auren Consultores
y presidente de la Fundación
Empresas y Personas

Introducción

Imagina una empresa donde las personas no solo trabajan, sino que crecen, disfrutan y se sienten parte de algo más grande. Un lugar donde cada individuo da lo mejor de sí mismo, no por obligación, sino porque de verdad quiere hacerlo. Parece una utopía, ¿verdad? Pero te aseguro que es posible.

En un mundo empresarial donde el absentismo, la baja productividad y la desmotivación son males comunes, necesitas una nueva forma de liderar. En estas páginas aprenderás cómo hacer que tu empresa sea diferente. Cómo lograr que las personas no solo trabajen para ti, sino que trabajen contigo y para una causa mayor. Descubrirás cómo reducir costes innecesarios en supervisión y control, tan solo cultivando una cultura donde las personas asuman la responsabilidad de su trabajo con pasión y autonomía.

No se trata de teorías vacías ni de recetas mágicas. Se trata de entender cómo el talento florece cuando se le da el entorno adecuado. Se trata de liderar con inteligencia emocional y con una visión que trascienda el día a día.

Si alguna vez te has preguntado cómo conseguir que tu equipo se comprometa de verdad, cómo mejorar la productividad sin quemar a tu gente o cómo crear una empresa donde todos quieran estar, este libro es para ti.

Acompáñame en este viaje y descubre cómo hacer que el talento deje de ser un problema y se convierta en tu mayor ventaja competitiva.

Los orígenes

Soy Carlos Barraqué, nacido en Zaragoza, ciudad que llevo en mi corazón, riojano de adopción y palentino de amor. A lo largo de más de 25 años liderando equipos y desarrollando personas, he descubierto un método que transforma la manera en la que las empresas gestionan su talento y que permite que todo fluya. Un enfoque basado en la confianza, la autonomía y el compromiso genuino. Un sistema para que puedas conseguir tus objetivos, aprovechando al máximo el talento de las personas que forman tu equipo. Un método que permite que cada persona desarrolle su talento, convirtiéndose en alguien responsable, autónomo y feliz. En definitiva, para que todos seamos más felices y, al mismo tiempo, contribuyamos a mejorar nuestra sociedad.

Este libro es el reflejo de esa experiencia, una fábula empresarial que te guiará a través de una historia reveladora sobre cómo convertir tu organización en un ecosistema donde la motivación y la responsabilidad se fusionan para impulsar resultados extraordinarios.

Descubrirás cómo lograr que las personas se comprometan con tu proyecto en un mundo donde la falta de compromiso es una preocupación constante. Aquí explicaré cómo conseguirlo y, a partir de ahí, mejorar los resultados.

También trataré cómo reducir el absentismo, aumentar la productividad, minimizar las mermas y elevar la calidad. Veremos cómo lograr que las personas se sientan responsables de su trabajo y de la empresa en su conjunto y te mostraré cómo formar equipos que desempeñen su labor con autonomía, responsabilidad y plena orientación al cliente. Personas que entiendan que, al final del día, lo que está en juego es la sonrisa del cliente.

Este método es el fruto de toda una vida. Se gestó a partir de la educación que me dieron mis padres, quienes, con su ejemplo, me inculcaron valores sólidos.

Tuve la fortuna de nacer en una familia humilde de concepción y aristócrata en valores. Desde niño mis padres me enseñaron que la confianza, el esfuerzo, la responsabilidad y la libertad son la base del crecimiento personal y profesional. También me dejaron claro que yo podía con todo, que solo dependía de mí.

Ahí es nada.

Recuerdo que en mi casa se vivían esos valores. Mis padres siempre contaron con mi hermano y conmigo para todo, sin apartarnos de los «temas de mayores». Nos formaron para que tuviéramos opinión, para que lucháramos por lo que creíamos justo.

Nunca tuvimos una paga, una bofetada ni una mentira piadosa. Nos contaban las cosas tal y como eran, sin concesiones ni engaños. Sabíamos lo que podíamos hacer y lo que no y siempre confiaron en nosotros sin pedir nada a cambio.

En casa, la humildad, el esfuerzo, la confianza y la responsabilidad no eran solo valores, sino un estilo de vida. Nos inculcaron la idea de que cada uno debía aportar su granito de arena a la sociedad. No esperábamos favores ni atajos y no había que esperar a nada ni a nadie: el primer paso siempre debía ser el nuestro, y de esa actitud dependería nuestro futuro. «Vosotros a estudiar», repetía mi madre. Así nos educaron y así lo hicimos. Sin saberlo, mis padres aplicaron de forma innata algunas de las técnicas más avanzadas en el desarrollo de personas.

Más tarde, descubrí que figuras como Maslow, Herzberg, McGregor, McClelland, Viktor Frankl y la mismísima Montessori coincidían con las teorías de mis padres que ellos habían aplicado de manera innata. Fueron unos verdaderos líderes en su época. Hace cincuenta años, había muy pocos como ellos y, aún hoy, a pesar de contar con más conocimientos sobre liderazgo y estar mejor preparados, siguen siendo escasos los que realmente encarnan esos valores.

Con esta base de liderazgo, y a medida que forjé mi propio criterio, la teoría de la motivación de Maslow y la *Apología de Sócrates* (escrita por Platón) captaron toda mi atención. Más tarde descubrí a Viktor Frankl y mi vida cambió para siempre.

Mis padres me enseñaron a luchar para crecer, para desarrollarme. Enseguida entendí que, cuanto más te desarrollas, más seguridad en ti mismo tienes y más cerca de la felicidad estás. Más que una pirámide de necesidades, como decía mi querido Maslow, es para mí un círculo virtuoso en el que cuanto más progresas, más seguro te vuelves, y esto se retroalimenta una y otra vez hasta conseguir casi todo lo que te propongas. Y al revés es lo mismo. Cuanto menos progresas, más inseguro te sientes y esto te puede llevar a la más inmensa de las profundidades. De ahí la importancia de contar con un buen líder que te guíe hacia el camino del progreso y no de la inseguridad.

También comprendí muy pronto que cuanto más aprendes, más consciente eres de lo mucho que te queda por saber, como decía mi buen amigo Platón. Y hace tiempo que sé que no sé nada.

Por eso, creo firmemente en la formación continua y en animar a los demás a hacer lo mismo. En esta era del conocimiento —y me pongo un poco filosófico—, la educación es la única salvación de la humanidad. Es nuestra mejor herramienta para encontrarnos y entendernos, porque, ante todo, somos personas.

«Tú puedes con todo, hijo mío», solo depende de ti. Esta frase, que me decían mis padres y que yo repito a mis hijos, cobró aún más sentido cuando leí a Viktor Frankl. Él había tenido la desgracia de acabar en un campo de concentración del ejército nazi, pero allí se sintió libre, porque nadie podía entrar en su cerebro ni arrebatarle sus pensamientos. En una situación extrema, Frankl demostró que la verdadera libertad está en nuestra capacidad de decidir cómo afrontar lo que nos sucede y nos demostró para siempre que todo se puede hacer.

Este pensamiento me ha hecho reflexionar mucho e, hilvanado con las enseñanzas de mis padres, ha reforzado mi creencia de que todo lo que nos ocurre depende de nuestras decisiones. Podemos elegir qué hacer con cada circunstancia que enfrentamos. Y estoy convencido de que el ser humano es capaz de lograr lo que se proponga si toma las decisiones adecuadas.

Podría pensarse que este planteamiento es muy duro, incluso muy crítico. Y lo es. Estoy convencido de que los únicos responsables de lo que nos sucede somos nosotros mismos. Y, también, que si nos miramos nuestro ombligo y no el ajeno, estaremos más cerca de la solución.

La fórmula 1 + 1 = 3

Esto enlaza con otro principio que me ha acompañado desde niño, el 1 + 1 = 3. Aunque en matemáticas esta afirmación no tenga cabida, en la vida y en la gestión del talento se vuelve una verdad incuestionable. Cuando las personas trabajan juntas, sus ideas y esfuerzos se potencian, generando un impacto mucho mayor que si operaran individualmente. Esto hace que los equipos fluyan, que progresen. Y también que las empresas puedan mejorar cada día.

Sin duda, es la regla que debería gobernar en el mundo y que impera en todas y cada una de las empresas que yo he conocido.

Si, por ejemplo, tomamos la idea original de un líder, un empresario fundador, y no permitimos que evolucione con las aportaciones de las generaciones siguientes, esa idea inevitablemente se diluirá y perderá fuerza con el tiempo. Sin embargo, si fomentamos que esa idea crezca con las contribuciones de quienes forman parte de la organización, se fortalecerá y consolidará en el mercado.

Del mismo modo, las personas que participan en ese proceso también se verán beneficiadas. Su confianza y autoestima aumentarán, lo que reforzará su compromiso con el proyecto original y les proporcionará una mayor satisfacción personal y profesional.

A lo largo de mi trayectoria he tenido la oportunidad de aplicar y desarrollar estas teorías, fundamentos y experiencias en distintos entornos. He trabajado con grandes profesionales y he conocido sectores diversos, como los servicios, la automoción y la alimentación. Y, a pesar de sus diferencias, todos comparten un mismo reto: la gestión eficaz del talento. También he tenido el privilegio de compartir conocimientos con expertos en formación y desarrollo. De cada uno de ellos he aprendido algo valioso. Como diría mi amiga Reme: «soy como una esponja».

Esa frase me define muy bien. No me considero una persona brillante, pero conozco mis virtudes y mis defectos. Soy constante, cabezota (como buen aragonés) y sé que debo aprender de todo y de todos constantemente. Soy lo suficientemente humilde para saber que no sé nada y, arrogante, para creer que puedo con todo.

Y, un día, todas estas experiencias, esos conocimientos, aprendizajes y reflexiones empezaron a cobrar sentido de manera conjunta.

Mi mente hizo clic y cada pieza del rompecabezas encajó en su lugar. Ese instante de claridad me permitió ver con nitidez cómo todas las enseñanzas, desde mi infancia hasta mis años de experiencia profesional, podían transformarse en un método práctico y aplicable. Entendí que había desarrollado una forma de trabajar con las personas, de potenciar el talento y de construir equipos comprometidos que podían marcar la diferencia en cualquier organización.

Así fue como cobró vida el método Barraqué, que te presento en estas páginas de forma novelada con la intención de brindarte herramientas útiles y aplicables a tu realidad. Mi deseo es que te ayude a transformar tu organización en un entorno donde el talento no solo se gestione, sino que se potencie y aproveche, uno donde las personas encuentren sentido a su trabajo y estén motivadas y donde el crecimiento sea un camino compartido.

Te invito a recorrer estas páginas con la mente abierta, a reflexionar sobre tu propio liderazgo y a descubrir cómo puedes aplicar estos principios para lograr un impacto positivo y duradero en tu empresa y en quienes la conforman.

Ahora, el siguiente paso está en tus manos.

1. Mi amigo talento

Son las 3 de la mañana y ¡¡¡yo sin poder dormir!!! No hago más que dar vueltas en la cama pensando en la conversación que he mantenido con Talento.

Talento es mi amigo. Nos conocimos en el viaje de estudios de la carrera, hace ya algunos años. Sí, ¡qué tiempos aquellos! Yo estaba en Atenas con mis compañeros y tuvimos problemas con el hotel. Había *overbooking* y nos quedamos en la calle sin tener dónde dormir. Fuimos a ahogar nuestras penas al bar de al lado y allí estaba él. Escuchó nuestra conversación y no dudó en ofrecernos su ayuda. Son este tipo de momentos, de situaciones, los que no olvidas jamás.

Fue la primera vez que veía a Talento y comencé a descubrir la gran persona que era.

Pero volvamos a la conversación que no me dejaba dormir. Mi amigo Talento me había llamado desde Atenas. Estaba en apuros. Había acabado sus estudios y necesitaba trabajar. Su país estaba en plena crisis, con más de un 25 % de desempleo y, a pesar de sus esfuerzos, no encontraba trabajo. Estaba dispuesto a todo con tal de encontrarlo y me pidió ayuda.

¿Qué iba a hacer yo? Al fin y al cabo, yo no era nadie. También había acabado mis estudios y estaba realizando un máster. Pero tenía que ayudarlo. ¡Se lo debía!

¡Decidido! Le llamaré y le diré que se venga a España, a mi piso. Y juntos buscaremos trabajo para los dos. Yo también dejaré todo por ayudarlo, me dije.

Y eso hice. No eran ni las nueve de la mañana cuando ya le estaba llamando y ofreciéndole mi plan. Viviremos juntos en mi piso de alquiler y buscaremos una buena empresa donde nos den la oportunidad de demostrar lo que valemos.

Talento aceptó encantado. Realmente estaba muy necesitado y tenía ganas de progresar en la vida. En una semana, Talento estaría en España y en mi piso.

2. Llegada a España

Ya en mi casa, nos dimos un abrazo enorme y nos pusimos manos a la obra.

Teníamos que encontrar trabajo de forma ¡urgente!

Queríamos una buena empresa, con un buen proyecto, donde pudiéramos desarrollarnos y nos permitiera aportar todo lo que llevábamos dentro.

Después de bucear durante todo el día por las distintas webs y redes sociales, seleccionamos dos empresas. Ambas necesitaban personal de forma urgente y parecían tener todo lo que necesitábamos. Pensábamos que podíamos aportarles nuestro granito de arena para conseguir sus objetivos.

Y ¡dicho y hecho! Sin dudarlo, nos inscribimos en las ofertas de empleo que tenían colgadas en sus páginas web y... ¡a esperar la llamada!

BUENAS PRÁCTICAS

Atracción del talento I

Nuestros futuros empleados buscan una buena empresa, con un buen proyecto y un propósito claro, donde puedan desarrollarse y donde les demos la oportunidad de aportar todo lo que llevan dentro. Para construir una propuesta atractiva para el talento, es fundamental optimizar la imagen de la empresa y su estrategia de comunicación.

1. Cuida tu web, es el primer sitio que visitarán los candidatos y la primera impresión importa

- Evalúa tu sitio web como si fueras un candidato. Entra en él como si fueses a buscar empleo y hazlo atractivo. Debe transmitir la esencia de la empresa y su cultura de manera clara y accesible.
- Crea un apartado específico para la atracción del talento. Dedica una sección de la web a explicar la cultura empresarial, oportunidades de crecimiento y valores de la compañía.
- Explica la historia de tu empresa de forma inspiradora, con una narrativa envolvente que conecte emocionalmente y, de esta manera, también busque la sonrisa del cliente.
- Publica tus ofertas de empleo de forma atractiva y visual, y que facilite la comprensión de las vacantes disponibles.

- Describe de forma clara los requisitos, las condiciones del puesto y las expectativas, destaca los compromisos mutuos entre empresa y empleado y haz que el candidato se sienta desde ya parte del proyecto.
- Compromete a los candidatos con tu proyecto y visión empresarial. Hazlos partícipes del propósito organizacional desde el inicio, incentivando su compromiso con la satisfacción del cliente y los valores de la empresa. Enfócalos desde el primer contacto en la sonrisa del cliente.

2. Integra la web de la empresa con las redes sociales y amplifica su alcance

- Publica y promociona las oportunidades laborales. Comparte las vacantes en LinkedIn, Facebook, X y otras plataformas relevantes para llegar a más candidatos potenciales.
- Comparte logros y novedades empresariales. Publicar noticias, hitos y proyectos en redes sociales, ayuda a fortalecer la marca empleadora y atraer perfiles alineados con la cultura de la empresa.
- Genera interacción y visibilidad: responde a preguntas, interactúa con potenciales candidatos y construye una comunidad interesada en formar parte del equipo.

3. Búsqueda de trabajo

Teníamos muchas ganas, grandes expectativas, y con toda esta ansiedad nos fuimos a dormir.

Al día siguiente madrugamos para estar preparados por si nos llamaban. Y, efectivamente, a las 8:45 horas. sonó el teléfono de Talento. Era la empresa Personia, una de las que habíamos seleccionado. Le atendió un chico encantador.

—Hola, buenos días. Quería hablar con Talento.

—Sí, soy yo.

—Hola, Talento, encantado de hablar contigo. Mi nombre es Jorge y te llamo de la empresa Personia. Ayer introdujiste tus datos en nuestra página web solicitándonos un puesto de trabajo en nuestra planta productiva. Y te llamaba para explicarte con más detalle nuestro proyecto y en qué consiste el puesto de trabajo. ¿Tienes ahora unos minutos para atenderme?

—Por supuesto. De hecho, si te soy sincero, estaba esperando vuestra llamada.

—¡Fenomenal! Mira, Talento, nosotros, como te he comentado, somos la empresa Personia. Nos dedicamos a la fabricación de comida preparada con el objetivo de facilitarle la vida al consumidor, de forma que pueda degustar en su casa, y a un precio excelente, la mejor comida preparada del mercado. ¿Has podido ver alguno de nuestros productos en la web?

—Sí, la verdad es que tienen muy buena pinta y te entra hambre cuando los ves, je, je, je.

—Bueno, pues a eso nos dedicamos. Fabricamos estos productos para sacar una sonrisa a la persona que los consume. Pues bien, Talento, el puesto de trabajo que ofrecemos en nuestra página web, consiste precisamente en preparar uno de estos platos preparados. Tú te encargarías de la última parte de elaboración del plato, en concreto de envasar el plato y colocarlo en los palés, para que luego pueda ser distribuido a las tiendas. ¿Qué te parece?

—Pues me parece fantástico. Me encantaría poder participar en la elaboración de estos platos. Ya me estoy imaginando la sonrisa del consumidor.

—Perfecto, Talento. Pues si te parece, podemos concertar una entrevista para seguir explicándote los detalles del puesto de trabajo y conocernos mejor.

—Claro que sí.

—¿Te viene bien que quedemos mañana a las nueve en nuestras oficinas?

—Sí, allí estaré.

—Por favor, Talento, cuando vengas mañana a la entrevista, tráeme tu currículum actualizado, una fotocopia de la formación que hayas realizado y un informe de tu vida laboral. Calcula que dedicaremos aproximadamente una hora, para que te puedas organizar.

—De acuerdo, Jorge.

—Una última cosa, Talento, ¿podrías decirme cuál es tu canción favorita?

—¿Mi canción favorita? Sin duda, *No surrender* de Bruce Springsteen.

—Muy buen gusto. Talento. Nos vemos mañana a las nueve y nos conocemos.

—Muchísimas gracias, Jorge. Nos vemos mañana.

* * *

—¡¡¡Josiiiiii!!! ¡¡¡Que me han llamado de Personiaaaa!!!

—Pero ¿qué me dices?, ¿de verdad?

—Sí, tío.

—Y ¿qué te han dicho?

—¡¡¡Buuaaaa!!! ¡Qué pasada Josi! ¡¡Me han atendido fenomenal! Me ha llamado un tal Jorge y me ha dicho que necesitan personas para hacer sus platos. Creo que es una buena empresa. Me van a hacer una entrevista mañana a las nueve en la empresa.

—Genial, Talento, tiene muy buena pinta. A ver si hay suerte y me llaman a mí también.

—Estoy seguro de que tú también tendrás suerte. ¡Te lo mereces!

Mi amigo Talento tenía razón; en menos de una hora me habían llamado de otra empresa y habíamos quedado para tener una primera entrevista. Yo también me había llevado una excelente impresión.

Estábamos entusiasmados y con ganas de que llegase cuanto antes el día siguiente.

Estuvimos toda la tarde viendo modelos de entrevistas en las redes y preparándonos para nuestra gran oportunidad.

BUENAS PRÁCTICAS

Atracción del talento II

El primer contacto con un candidato es un momento clave en el proceso de selección. No solo se trata de evaluar su idoneidad para el puesto, sino también de generar una conexión que lo motive a querer formar parte del proyecto empresarial. La amabilidad, el respeto y la escucha activa son fundamentales en cada interacción. Presta atención a cada detalle con los cinco sentidos y haz que el candidato se sienta valorado desde el primer minuto.

1. Mima tu primer contacto

- Sé rápido en contestar a las inscripciones de empleo. La agilidad y la calidad en la comunicación inicial pueden marcar la diferencia en el nivel de compromiso del candidato con la empresa.
- Muéstrate amable, respetuoso, profesional, agradecido, humilde, que sienta que eres parte de un gran proyecto.
- Sonríe y utiliza un tono cálido y cercano. Una sonrisa, aunque no se vea, se percibe a través del teléfono. Genera confianza y establece una comunicación efectiva.

2. Cuida la entrevista telefónica

Introducción

- Crea un entorno cómodo.
- Saluda con cortesía y respeto. Establece un tono amable desde el inicio.
- Preséntate de manera clara. Explica quién eres, de qué empresa llamas y el motivo de tu contacto.
- Confirma la disponibilidad del candidato. Antes de continuar, pregúntale si es un buen momento para hablar.

Presenta tu empresa

- Comparte la historia de la empresa de manera inspiradora, con pasión y cariño. Explica quiénes sois, a qué os dedicáis, vuestro propósito y los valores que os distinguen.
- Genera conexión emocional. Relata la misión de la empresa de manera cercana y auténtica, haciendo que el

candidato se sienta parte de algo más grande desde el primer momento.

- Fomenta el compromiso. Anima al candidato a imaginarse dentro del proyecto y a identificarse con la cultura organizacional.

Describe el puesto

- Explica las funciones del puesto de forma atractiva. Destaca cómo su rol puede contribuir al éxito de la empresa y a conseguir la sonrisa del cliente.
- Hazle sentir que su participación es clave. Explica cómo su trabajo impactará en la empresa y en su entorno.
- Fomenta la interacción. Pregunta su opinión sobre el puesto y escucha atentamente su respuesta.
- Practica la escucha activa. Presta atención a sus palabras, tono y actitud. Captar estos matices te permitirá entender mejor su motivación y expectativas.

Cierre y próximos pasos

- Si el candidato encaja con el perfil, díselo. Transmítele confianza y plantea la posibilidad de una entrevista presencial para seguir conociéndolo. Afianza el vínculo. Por ejemplo: «Si te parece bien, podemos agendar una entrevista presencial para conocernos en persona, explicarte más sobre nuestro proyecto y conocer tus expectativas sobre la empresa y el equipo».
- Asegura una cita concreta. Acuerda una fecha y hora teniendo en cuenta la disponibilidad del candidato. Adáptate.

- Solicita amablemente la documentación necesaria. Indícale de manera clara y respetuosa qué documentos debe llevar a la entrevista.
- Genera una conexión personal. Pregúntale, por ejemplo, cuál es su canción favorita para cerrar la conversación de forma amigable.
- Despídete con amabilidad. Finaliza la llamada con una sonrisa en la voz para asegurar que la experiencia haya sido positiva para el candidato.

4. Entrevista de trabajo y enamoramiento

A las ocho y media del día siguiente ya estábamos en el *parking* de Personia. Talento tenía la entrevista a las nueve y yo a las once.

En frente de nosotros se encontraba la caseta de seguridad que daba paso a la empresa. Una guarda vestida con uniforme azul la regentaba. Había varios camiones esperando la autorización para entrar, así como algunas personas que la obtenían a través de una ventanilla.

Nosotros, impacientes, esperábamos nuestro turno.

A las 8:45, Talento ya no podía más y se dirigió a la caseta de entrada:

—Hola, buenos días. Soy Talento, he quedado con Jorge para hacer una entrevista.

—Hola, Talento, encantada. Yo soy Pilar, te estaba esperando. Jorge me comentó que vendrías hoy a las nueve. Mira, necesito registrarte en el sistema para que sepamos que estás aquí adentro y, de esta forma, ante cualquier emergencia podemos localizarte.

—Muy bien, aquí tienes mi documentación.

—Toma, esta es tu tarjeta de acceso. Con ella podrás acceder a las oficinas, en las que está Jorge. Tienes que seguir la línea azul hasta el final y verás la puerta de entrada. Allí encontrarás a Lucía. Coméntale que has quedado con Jorge y ella te indicará. Por favor, no te desvíes de la línea azul. Es muy importante para tu seguridad y la de las demás personas que trabajamos aquí.

—Perfecto, Pilar. No te preocupes que así lo haré. Muchísimas gracias.

A mi amigo Talento le sudaba todo el cuerpo. Tenía muchas ganas de que empezase la entrevista, pero también muchísimo miedo. Después de una caminata de cinco minutos llegó a las oficinas.

—Hola, soy Talento. Tú eres Lucía, ¿verdad? He quedado con Jorge para una entrevista.

—Sí, hola, Talento. Encantada. Bienvenido a Personia, aquí estamos para ayudarte en lo que necesites, así que respira hondo y, tranquilo, que vas a estar muy bien. Cualquier cosa que necesites me la puedes pedir a mí.

—Ah, pues muchas gracias. Te lo agradezco y te voy a hacer caso porque estoy un poco acelerado.

—Ven conmigo, Talento. Te voy a acompañar a la sala del Compromiso que es donde hacemos las entrevistas. Jorge vendrá enseguida. Te he preparado un poco de agua. Si necesitas algo más, por favor, me lo dices.

—Está todo perfecto, Lucía, muchas gracias.

Talento no se lo podía creer. Todo iba fenomenal. Pilar y Lucía le habían hecho sentirse importante, le habían tratado como lo haría yo con mi mejor invitado, y eso le había tranquilizado.

Esperando la llegada de Jorge, comenzó a sonar por los altavoces de la sala la canción, *No surrender*. ¡Buaaa! ¡Qué detallazo! Talento solo quería quedarse en esta empresa para siempre. «¡A ver si hay suerte!», suspiraba Talento.

Pasados cuatro minutos y tres segundos, justo el tiempo que duraba la canción, Jorge entró por la puerta.

—Hola, Talento, soy Jorge. Encantado de conocerte y de saludarte en persona.

—Encantado, Jorge.

—Talento, quería darte las gracias por aceptar mi invitación para venir y entrevistarte. Para nosotros es muy importante que nos hayas elegido para formar parte de nuestro proyecto. Como te comenté por teléfono, necesitamos personas que quieran conseguir esa sonrisa del consumidor cuando prueba nuestros platos.

—La verdad es que me encantaría. Me he pasado todo este tiempo, desde que hablamos, imaginando la sonrisa de esas personas. ¡Qué chulo!

—Voy a contarte en profundidad cómo es todo el proceso hasta que conseguimos esa sonrisa. Bajaremos a ver el puesto de trabajo y, si todo te parece bien, hablaremos de las condiciones para ver si te encajan y podemos comenzar a trabajar juntos cuanto antes. Talento, tenemos que enamorar al cliente, y para eso necesito que primero te enamores tú de nuestro proyecto.

—Genial, Jorge, tengo ganas de verlo todo y poder empezar ya a ayudar.

Jorge le explicó a Talento la historia de Personia. Cómo la madre de los fundadores escribió sus recetas y sus hijos las llevaron a la fábrica para comenzar a fabricar los primeros platos. Cómo se los fueron presentando a los clientes y cómo consiguieron las primeras sonrisas.

Luego bajaron a la fábrica y le explicó todo el proceso productivo, paso a paso, con todo lujo de detalles. Talento estaba muy interesado y no paraba de hacerle preguntas. Quería saberlo todo. Cuando llegaron a la sección de envasado, donde tendría que trabajar Talento, Jorge le presentó a los que serían sus compañeros y fueron ellos mismos quienes le contaron en qué consistía el trabajo de la sección. Había un denominador común en toda la fábrica: la gran sonrisa de todas las personas que trabajaban en ella. Su amabilidad y cómo sentían suyo cada plato. «¡Este es el secreto para conseguir la sonrisa del cliente!», pensó Talento.

Acabada la visita a la fábrica, regresaron a la sala del Compromiso.

—Y, bien, Talento, ¿qué te ha parecido la fábrica y el proceso productivo?

—Me ha encantado, Jorge. Lo que más me ha impresionado es el buen ambiente que se respira. Lo amables que son los compañeros y cómo sienten todos como suyo cada plato que elaboran. Estoy sorprendido, la verdad.

A continuación, Jorge le explicó los horarios, las condiciones económicas y los planes de progreso a los que podían acceder aquellas personas que continuasen su formación en la empresa y quisiesen comprometerse con alguna responsabilidad adicional.

—Talento, ¿te enamora nuestro proyecto?

—Sí, Jorge, me enamora. Quiero trabajar aquí y quiero conseguir la sonrisa del consumidor.

—Entonces, Talento, ¡bienvenido a Personia! El próximo lunes a las seis te espero aquí para comenzar tu plan de acogida.

—¿De verdad, Jorge? ¿Estoy contratado? ¡Guuaaauuuuu! ¡No me lo puedo creer! ¡Que se vaya preparando el consumidor que me voy a encargar yo de que siga sonriendo!

—Je, je, je. Esa es la actitud, Talento.

Talento se despidió de Jorge hasta el lunes y se fue dando brincos, con una sonrisa de oreja a oreja. Cuando llegó a donde estaba Lucía, esta le dio una caja con varios platos de Personia.

—Talento, te he preparado un surtido de nuestros platos para que los pruebes estos días y el lunes me puedas decir lo que te parecen.

—¡Qué detalle, Lucía! Muchísimas gracias. Seguro que me sale una gran sonrisa cuando los pruebe. Nos vemos el lunes.

Talento recorrió el camino hasta la salida de la fábrica, donde se despidió de Pilar.

—Hola, Pilar, ya estoy de vuelta. Tengo que devolverte la tarjeta.

—Gracias, Talento y ¡enhorabuena!, ya me han dicho que vamos a trabajar juntos. Me alegro un montón. Aquí vas a estar fenomenal. Te vamos a tratar muy bien.

—Muchas gracias, Pilar. Estoy seguro de eso. ¡Esto parece un sueño! Hasta el lunes.

BUENAS PRÁCTICAS

Entrevista presencial

1. La entrevista personal

Es el momento clave para consolidar la conexión con el candidato y fortalecer su interés en formar parte de la empresa, en definitiva, enamorarlo. Más allá de evaluar su idoneidad para el puesto, este encuentro debe ser una experiencia positiva que refuerce su motivación y compromiso con el proyecto. La importancia del primer contacto con las personas de la empresa.

- Coordina al equipo. Asegúrate de que todas las personas que estarán en contacto con el candidato (recepción, personal de acceso, compañeros de equipo) estén informadas y alineadas con el propósito de la entrevista.
- Haz que el equipo sea el mejor embajador de la marca. Cada miembro del equipo debe reflejar los valores de la empresa, transmitiendo profesionalidad, amabilidad y entusiasmo.
- Crea una experiencia memorable. Dale al candidato un trato especial, extiende la alfombra roja como si se tratara de un invitado de honor. Una experiencia positiva desde el primer momento aumentará su interés en formar parte del equipo.

2. Bienvenida

- Saluda con tu mejor sonrisa, sé amable y agradece al candidato por su interés y por tomarse el tiempo de asistir a la entrevista. Un simple «gracias por venir y por considerar nuestra empresa como tu próximo destino profesional» marca la diferencia.

- Comparte la esencia de la empresa. Explícale cómo la compañía logra la sonrisa del cliente y cómo su rol puede contribuir a ello.
- Haz tangible su futuro rol. Muéstrale el puesto de trabajo, sus funciones y cómo su labor impactará en el éxito de la empresa, cómo puede enamorar al cliente.
- Fomenta la interacción con el equipo. Preséntale a sus futuros compañeros y permite que ellos mismos expliquen el día a día del puesto, generando un ambiente de confianza y transparencia. Asegúrate de que todo el mundo respira amabilidad, orgullo y sonrisa.
- Explica las condiciones laborales y las oportunidades de progreso dentro de la organización, reservado para personas que quieran continuar su formación y conseguir alguna responsabilidad adicional.

3. Evalúa la conexión. ¿Es un *match* perfecto?

- Pregunta directamente por su percepción. «¿Te emociona lo que has visto? ¿Te ves formando parte de nuestro equipo?».
- Escucha activamente su respuesta. Más allá de sus palabras, observa su entusiasmo y disposición. Escucha su corazón. La actitud y la emoción son claves para determinar su grado de compromiso futuro.

4. Confirmación e incorporación

- Celebra su integración y cierra su contratación. Felicítalo por su incorporación y formaliza los siguientes pasos administrativos.

- Refuerza su decisión. Reitera que su talento y actitud encajan con la cultura de la empresa y que juntos podrán lograr grandes resultados.

5. Guindas, un cierre especial

- Obséquiale con algún producto de la empresa o un detalle corporativo, a la vez que te despides con una gran sonrisa. Recuerda que es tu mejor invitado.
- Asegúrate de que su última impresión sea positiva, transmitiéndole confianza en la decisión que ha tomado.

5. Acogida del talento. Ganarnos su compromiso

Talento no pudo dormir en todo el fin de semana. Pasó todo el tiempo pensando que no se iba a despertar a tiempo y que iba a perder esta gran oportunidad.

Finalmente, llegó el día esperado. Talento se despertó a las cinco de la mañana, desayunó bien y a las cinco y media se montó en su coche camino de Personia.

—Buenos días, Pilar, soy Talento, ya estoy por aquí otra vez.

—Bienvenido, Talento, me alegro de verte. Toma tu tarjeta identificativa. Esta es ya para ti. Asegúrate de cuidarla bien porque es tu llave de acceso, tu identificación en Personia. Es como si fuese tu DNI. Ven conmigo que te voy a enseñar cómo tienes que utilizarla para entrar y salir de la fábrica, y algún truquillo que te vendrá bien para que no se te borre, je, je, je.

—Te lo agradezco, Pilar.

Mi amigo Talento atendía con los ojos abiertos como platos todas las explicaciones para no perderse detalle alguno. Quería almacenar en su cerebro la información para hacer todo perfecto y no defraudarles.

Cuando Pilar terminó con sus explicaciones y consejos para acceder a la fábrica, mandó a Talento a las oficinas donde le esperaba Lucía con una gran sonrisa.

—Hola, Talento, bienvenido a Personia de nuevo. Qué bien que estés por aquí. ¿Qué te han parecido nuestros platos? ¿Los has probado?

—Me han encantado. Especialmente el de queso. ¡Estaba riquísimo! Y, además, Lucía, me han salvado el fin de semana, je, je, je.

—Te acompaño a la sala del Compromiso donde te espera Jorge.

Jorge recibió a Talento con *El himno de la alegría*, en la versión roquera de Miguel Ríos.

—Bienvenido —dijo Jorge—. Hoy tenemos un gran día por delante. Para nosotros, el primer día de una persona en nuestra empresa es una gran alegría, una fiesta. Celebramos que formas parte de nuestro equipo, de esa sonrisa del consumidor que ahora vamos a conseguir juntos. Es un día especial, así que, lo primero, vamos a que conozcas a tus compañeros.

Jorge bajó con Talento a la fábrica, a la zona de envasado, donde le presentó a Brigitte, su responsable, a Marta y a Juan. Esos iban a ser sus compañeros a partir de ahora y los responsables de que Talento se sintiese bien.

—Hola, Talento. Yo soy Brigitte, encantada de que formes parte de nuestro equipo. ¡Enhorabuena! Vamos a dar una vuelta por la sección para que empieces a conocer todo. Pregúntame, por favor, todas las dudas que te surjan. A esta zona de la fábrica la llamamos envasado. Nuestra función aquí es envasar los platos que preparan nuestros compañeros de la sala de fabricación, colocarlos en palés y llevarlos hasta la zona de expediciones. Allí, otros compañeros, los colocan en los camiones, y de ahí viajan hasta los puntos de venta. Somos un gran equipo y todos trabajamos..., ya sabes...

—¡... para conseguir la sonrisa del consumidor!

—Eso es, Talento, veo que Jorge, Lucía y Pilar han hecho un gran trabajo. Marta, Juan y yo misma te vamos a enseñar a envasar, paletizar y llevar los palés a expediciones. Los tres estamos aquí para ayudarte y yo soy tu tutora y me ocuparé de que aprendas bien para que nuestros platos lleguen en perfectas condiciones al consumidor y a ti no te falte de nada. Desde ya mismo te pido que me comentes cualquier oportunidad de mejora que se te ocurra. Tu opinión es muy importante para nosotros, para hacernos mejorar.

—Genial, Brigitte. Muchas gracias, lo tendré en cuenta.

Brigitte acompañó a Talento enseñándole todo el proceso productivo, resolviéndole todas las dudas que le surgían, para que lo entendiese bien. Quería que Talento supiese cómo se hacían los platos para que pudiese hacer mejor su trabajo. Cuando llegaron de nuevo a la sección de envasado, Brigitte se paró en cada uno de los puestos de trabajo, le explicó el porqué de cada uno de ellos y la importancia que tenía hacerlos correctamente para que el producto no sufriese y llegase en perfecto estado hasta el consumidor.

Una vez finalizada la explicación sobre el proceso productivo y la importancia del envasado del producto, Brigitte acompañó a Talento a la sala de la Responsabilidad, donde le explicó las normas de seguridad, medioambiente y calidad de la fábrica. Brigitte era una apasionada de su trabajo y le encantaba enseñar a otras personas. También era consciente de que todo el tiempo que invirtiese ahora con Talento, sería muy efectivo para que Talento consiguiese hacer las cosas bien a la primera.

Mi amigo Talento seguía ojiplático, intentando absorber todo lo que le contaban.

Después de entender las normas de la compañía, Brigitte le enseñó el funcionamiento de la sección, sus responsabilidades y su plan de formación.

—Talento, ¿qué tal hasta ahora?

—Muy bien, Brigitte, la verdad es que estoy aprendiendo mucho y todo me parece bien y muy lógico.

—Perfecto, Talento. Ahora vamos a ver cómo nos organizamos en la sección para que todo salga bien. Como sabes, el equipo de envasado lo componemos Marta, Juan, tú y yo. Nosotros somos los responsables de que todos los productos se envasen bien y lleguen a expediciones en perfecto estado. ¡Esta es nuestra misión! Y como ves es una parte fundamental para conseguir ¡la sonrisa del consumidor! —espetó Brigitte con una gran sonrisa.

A continuación, Brigitte entregó a Talento un folio plastificado donde se exponía punto por punto su plan de formación.

—Mira, Talento, este es tu plan de formación. Aquí tienes todos los pasos que daremos para que aprendas cada uno de los puestos hasta que los domines. En ese momento tendrás la responsabilidad de hacerlos correctamente y en el tiempo requerido. Yo voy a ser tu tutora en todo este proceso de formación y me voy a ocupar de que aprendas bien. ¡No te preocupes, Talento, que yo te voy a ayudar y lo vas a conseguir!

A Talento le entró un miedo increíble. ¿Sería capaz de hacerlo bien? ¿Tendría la velocidad necesaria? Iba a ser el responsable de hacer el envasado de los productos. ¿Y si no llegaban en buen estado al consumidor? ¿Y si no conseguía la sonrisa? Todas estas preguntas merodeaban por la mente de mi amigo, se le torció el gesto y comenzó a ponerse pálido.

—Te asusta esta responsabilidad, ¿verdad, Talento? —dijo Brigitte a la par que sonreía.

—Bueeeennooo, sí. Tengo dudas de que pueda hacerlo bien.

—Talento, no tengas dudas. De que lo hagas bien nos ocuparemos Marta, Juan y yo. Tú solo tienes que poner todo tu empeño en aprender. Escucha con atención todo lo que te decimos, practica con interés, pregunta todas las dudas que tengas, y verás qué rápido aprendes todo. Como ves en tu plan de formación, en dos semanas habrás aprendido los tres puestos de la sección. Ven conmigo que vamos a empezar.

BUENAS PRÁCTICAS

La conquista del compromiso

La acogida es el momento que se le quedará para siempre al candidato en su retina como la imagen de la empresa. Es el momento de involucrarlo y ganarnos su compromiso. Un buen plan de bienvenida garantiza que el empleado se sienta valorado desde el primer día, lo que facilita su adaptación y alineación con la cultura organizacional.

1. Un primer día especial, ¡preparémoslo como tal!

- Haz de su primer día un momento especial. Recíbelo con entusiasmo y asegúrate de que se sienta esperado y bienvenido. Ten en cuenta que el candidato viene con todas las ganas del mundo para aportar todo lo que lleva dentro.
- Destaca su incorporación como una oportunidad para la empresa. Reconócelo como alguien que viene con energía, ideas y ganas de aportar valor.
- Prepara un recibimiento organizado. Tener un plan estructurado para su primer día facilitará su integración y reducirá la incertidumbre.

2. Acogida

- Presenta al equipo al completo. Los compañeros de trabajo serán sus principales referentes y los responsables de su formación. Facilita la interacción para generar confianza y sentido de pertenencia y asegúrate de que todos le hagan sentir bien.
- Hazle un recorrido por la zona de trabajo y proceso productivo. Explica la empresa desde una visión global, destacando la importancia de cada función en el logro de los objetivos.
- Transmite propósito y significado. No se trata solo de realizar tareas, sino de comprender el impacto del trabajo. Usa metáforas inspiradoras, por ejemplo: «No es

lo mismo poner ladrillos que construir una catedral». Enseñemos cómo hacemos nuestra catedral y cómo nos puede ayudar a conseguir la sonrisa del cliente.

3. Sala de la Responsabilidad

- Define las normas básicas y responsabilidades. Documenta y explica las reglas fundamentales del puesto.
- Predica con el ejemplo. Más allá de las palabras, la mejor forma de transmitir valores es a través de la acción.

4. Plan de Formación

- Diseña un itinerario formativo para el primer mes. Asegura una progresión clara que le permita adquirir autonomía y polivalencia.
- Crea un puesto atractivo y desafiante. Ofrece un entorno seguro, dinámico y con oportunidades para que el nuevo talento pueda demostrar su capacidad.
- Enfatiza la responsabilidad individual. El objetivo del plan debe ser formar y trasladar la responsabilidad del puesto de trabajo.

5. Guindas para una integración exitosa

- **Dedica tiempo a la formación de acogida.** Es la mejor inversión en las personas de tu empresa y garantizará la integración exitosa.
- **El aprendizaje desde la experiencia.** Quienes mejor pueden enseñar un puesto de trabajo son aquellos que lo desempeñan a diario.

- **Documenta y organiza el plan de formación.** Especifica normas, funciones y responsabilidades, establece un itinerario que permita al empleado alcanzar su máximo potencial.
- **Clasificación de puestos por nivel de formación.** Para estructurar el desarrollo profesional dentro de la empresa, se pueden clasificar los puestos en función del tiempo requerido para alcanzar su **desempeño** óptimo:
  - **Nivel 1.** Puestos que requieren hasta un mes de formación para adquirir destreza.
  - **Nivel 2.** Puestos que requieren entre uno y tres meses de formación.
  - **Nivel 3.** Puestos que requieren más de tres meses para alcanzar un desempeño óptimo.

6. Primeros pasos. Saber, practicar, hacer

Brigitte llevó a Talento con Marta. Marta estaba en el puesto de envasado e iba a ser la encargada de formar a Talento en dicho puesto.

—Hola, Talento.

—Hola, Marta.

—Talento, coge el plan de formación que te ha dado Brigitte y vamos a leer juntos la operación de envasado. Lo primero es revisar que llevemos bien puesta la ropa de trabajo y los EPI y, a partir de ahí, comenzamos. ¿Sabes, Talento?, con la ropa de trabajo cuidamos al cliente y con los EPI cuidamos de nosotros mismos. Son las dos cosas más importantes que tenemos en Personia: el cliente y las personas.

Mi amigo Talento cogió el plan de formación y repasó con Marta, paso a paso, todas las operaciones que comprendían el puesto de envasado. Una vez repasadas, Marta se puso en la máquina de envasado y comenzó a hacer todas las operaciones, una a una, mientras se las explicaba a Talento.

—Mira, Talento, esta es la primera operación. Tenemos que coger el plato, dejarlo en este orificio, retirar las manos y pulsar este botón verde. Con esta operación lo que hacemos es envolver el plato en su envase. Es importante que retires las manos para que la máquina no te las pille.

Marta siguió explicándole a Talento cada paso hasta que concluyeron la operación de envasado. Siguiendo su plan de formación, le pidió a Talento que le explicara a ella lo que tenía que hacer:

—Talento, ahora yo voy a seguir tus instrucciones. Toma el plan de desarrollo e indícame lo que tengo que hacer para envasar los platos.

Talento guio a Marta en cada operación hasta que finalizaron todas ellas.

—¿Has comprendido bien todo lo que hay que hacer, Talento?

—Sí, Marta, al decirte a ti lo que tenías que hacer y ver cómo lo hacías, me ha quedado superclaro.

—Bueno, pues ahora, Talento, te toca a ti. Voy a ser yo la que te diga lo que tienes que hacer y tú lo haces, ¿vale?

—De acuerdo.

Talento siguió las instrucciones de Marta y finalizó su primer envasado de platos. Estaba supercontento. Lo había sabido hacer y lo más importante, ¡ahora tenía confianza y estaba seguro de que podía hacerlo!

—Por último, hazlo ahora tú solo y yo te miro para comprobar que no te dejas ningún paso.

—Perfecto.

Talento volvió a envasar los platos sin ningún problema.

—¡Te felicito, Talento! Ya sabes envasar platos. Ahora lo que tienes que hacer es practicar. Sigue envasando platos a la par que lees el paso a paso de tu plan de formación. Es el momento de que aprendas bien la operación. No tienes que ir rápido. Simplemente, lee la operación y realízala tal y como está descrita. Es muy importante que aprendas bien las distintas operaciones y que no te saltes ningún paso para...

—Lo sé, para conseguir la sonrisa del consumidor. Así lo haré, Marta, no te preocupes.

Talento siguió al pie de la letra las instrucciones de Marta y continuó envasando platos durante toda la mañana. De vez en cuando,

Marta se acercaba a preguntarle qué tal iba y si necesitaba algo. También aprovechaba para coger el paso a paso de cada operación y comprobar que Talento lo hacía bien. Luego felicitaba a Talento por su buen trabajo y seguía con sus cosas.

Al finalizar la jornada, Brigitte reunió al equipo.

—Chicos, quiero felicitaros por vuestro trabajo. Hoy hemos envasado 5200 platos ok y hemos retirado 100 defectuosos. Nuestro objetivo era envasar 5100 platos ok, por lo que lo hemos conseguido y hemos cumplido con nuestra responsabilidad. ¡Felicidades!

»En cuanto a los 100 platos defectuosos, hemos detectado que no se ha impreso bien la fecha en la operación de envasado. Se debe a un problema con la tinta de la máquina. Mantenimiento lo está intentando resolver. No obstante, mañana nos tenemos que fijar bien en este detalle y, si vuelve a suceder, pararemos el envasado y nos reuniremos para tomar una decisión.

»Mañana recordad que tenemos el pedido de Platea. Ya sabéis que es nuestro cliente más exigente, así que tenemos que prestar la máxima atención y hacer el trabajo mejor que nunca.

»Felicidades una vez más por vuestra implicación y, Talento, gracias por tu primer día de trabajo. Lo has hecho muy bien, te felicito. Sigue así. ¿Os parece que nos demos un aplauso?

Los cuatro comenzaron a aplaudir efusivamente, mientras de sus caras sobresalía una gran sonrisa. Había sido un gran día de trabajo y estaban todos muy felices por su aportación.

BUENAS PRÁCTICAS

Desarrollo de habilidades

Saber: cuando una persona se incorpora a nuestra organización nuestros esfuerzos deben centrarse en enseñarle a desarrollar perfectamente su puesto de trabajo.

Una de las cosas que motivan a las personas es dominar una habilidad. Es el momento de que adquieran esta motivación y asuman responsabilidades de manera progresiva.

Debemos también transmitir las dos cuestiones más importantes de la empresa: el cliente y las personas.

1. Estandarizar la base del aprendizaje

Escribe el paso a paso de cada puesto de trabajo. Recuerda introducir en cada paso los aspectos clave de seguridad, calidad, productividad, mermas y costes, para que el candidato entienda el porqué de cada acción y la importancia de hacerlo así.

Forma a tus líderes para que sepan hacer de esta forma las instrucciones de trabajo.

2. Saber, el método maestro-aprendiz en cuatro pasos

El aprendizaje efectivo se basa en una progresión estructurada donde el candidato asimila conocimientos y gana autonomía de forma gradual.

- El formador realiza y explica la operación.
- El candidato explica la operación y el formador la realiza.
- El candidato realiza y explica la operación.
- El candidato realiza la operación de forma independiente.

Tu único objetivo debe ser que aprenda, que sepa. Invierte el tiempo necesario. No es el momento de correr.

7. Talento llega a casa tras su primer día de trabajo

A las tres de la tarde, Talento llegó a casa, donde le esperaba su amigo Josi.

—¿Qué tal, Talento? ¿Cómo ha ido tu primer día?

—Ha sido genial, Josi. ¡He aprendido a envasar los platos!

—¿En un solo día ya sabes envasar los platos? No me lo creo.

—Es que tienen un método de aprendizaje muy efectivo. Verás, Josi, cuando llegué este mañana, me bajaron a la planta y me presentaron a los que van a ser mis compañeros. Mi jefa se llama Brigitte y no te pienses que es una bruja mandona, antipática y gruñona. Todo lo contrario, no hacía más que preocuparse por mí, enseñármelo todo e intentar cuidarme.

—Si me pinchas, no me sale sangre. Vaya suerte has tenido, Talento.

—Así es. Después de enseñarme los puestos de trabajo y las normas, me ha dado mi plan de formación. Una hoja en la que exponen los distintos puestos de trabajo que voy a ir aprendiendo, el período de aprendizaje y las pautas para realizar cada uno de ellos.

—¿Qué me estás contando? ¡Esto parece un sueño! ¡La empresa perfecta!

—Después, me puse manos a la obra. Marta, otra de mis compañeras, es la responsable de enseñarme el primero de los puestos, el de envasado. Primero leímos juntos las pautas del puesto. Luego, me dijo que le leyese yo las pautas, mientras ella hacía la operación. A continuación, cambiamos. Mientras ella leía las pautas, yo hacía la operación. Y, al final, hice la operación yo solo, con su supervisión.

—¿Qué me estás contando?

—No te lo creerás, Josi. Cuando me puse yo solo a hacer la operación, no tenía ninguna duda de cómo se tenía que hacer.

—Y me imagino que, a partir de ahí, ¡caña maña! Te habrán puesto a trabajar a destajo, ¿no?

—Pues no, Josi. Todo lo contrario. Una vez que se han cerciorado de que he aprendido bien cómo se hace el puesto de trabajo, me han dicho que ahora me toca practicar. Tengo que seguir practicando hasta que sepa hacerlo en el tiempo requerido.

—Sí, hombre.

—Que sí, Josi. Ten en cuenta que ellos quieren que haga las cosas bien para que consiga la sonrisa del consumidor. No les vale cualquier cosa. Saben que, si hago las cosas bien, seré más productivo.

—Esa es una gran verdad. No por correr mucho, se llega antes. Si luego haces las cosas mal, de nada vale correr.

—Esa es su filosofía. Hacer las cosas bien a la primera. Así que he estado el resto del día practicando en el puesto de envasado.

—Y ¿qué tal?, ¿cómo te has visto?

—Yo creo que bien. Al principio vas un poco lento, cuidando todos los detalles, y cuando llevas ya un par de horas, parece que tu mente interioriza los movimientos y fluye todo. Al finalizar la jornada, nos ha reunido Brigitte y nos ha felicitado. Nos ha dicho que habíamos hecho un buen trabajo y que habíamos cumplido el objetivo. Hemos hecho 5200 platos ok, es decir, 100 platos más que el objetivo previsto. Y también nos ha dicho que hemos hecho 100 platos defectuosos. Mañana debemos tener cuidado porque hacemos un pedido para Platea, uno de nuestros mejores clientes, y tiene que salir todo perfecto. ¡Ah!, y me ha felicitado delante de todos por mi primer día de trabajo. Me ha hecho sentir importante.

—¡Qué guay, Talento! Esto sí que es una empresa. Me parece una idea estupenda para comprometer a la gente, reunirles al finalizar la jornada y contarles cómo ha ido todo. Si, además, después de toda la jornada, tienes unas palabras de felicitación por tu esfuerzo y de aliento, ya es para nota. ¡Me encanta!

—¿Qué hacemos?, ¿comemos? —dijo Josi.

—Sí, por favor, porque yo tengo un hambre...

Y mientras comíamos, seguimos conversando sobre el primer día de trabajo de Talento en Personia. La cara de emoción de Talento era para grabarla. Y sus palabras transmitían el compromiso que ya sentía por su nueva empresa. Personia había conseguido, con su proceso de selección, su acogida y su primer día de trabajo, comprometer a Talento. Este día jamás se le olvidaría a Talento.

BUENAS PRÁCTICAS

El regreso: primer día de trabajo

El primer día de trabajo se recuerda toda la vida.

¿Te acuerdas del tuyo? ¿Te hubiese gustado que se hubiese parecido al de Talento?

A mí también.

Para la empresa también es el día más importante. Es cuando se empieza a juzgar la productividad, las mermas, la calidad y el absentismo.

1. Plan de formación

Lo primero que hay que hacer es tener preparado el plan de formación. El plan de trabajo para los próximos meses que garantice la polivalencia.

2. Selección de los formadores

Debemos elegir personas de la casa, que transmitan los valores de la empresa, capaces de desarrollar e instruir en el paso a paso, con vocación de cuidar a las personas a las que van a formar y hacerles responsables de lo que aprenden.

3. Final del día

Finaliza cada jornada haciendo partícipes del proyecto y de los logros conseguidos a tus empleados.

8. La clave del segundo día: integración y pertenencia

A las cinco de la mañana sonó el despertador de Talento.

Talento dio un gran salto, apagó el despertador, y con una gran sonrisa, se dispuso a prepararse para un nuevo día de trabajo. Tenía por delante un nuevo reto: sacar adelante el pedido de Platea. Quería aprender rápido para poder aportar lo máximo a sus compañeros cuanto antes.

A las seis menos cuarto de la mañana, Talento traspasaba los tornos de Personia.

—Hola, Pilar, ¿qué tal estás?

—Genial, Talento. ¿Tú qué tal?

—Muy bien, Pilar; la verdad es que estoy encantado aquí.

—De eso se trata, Talento. Ya te dije que aquí ibas a estar muy bien. Hoy tenemos un día importante, tenemos el pedido de Platea.

—Sí, lo sé, voy a darlo todo y estoy seguro de que lo conseguiremos.

—Estoy segura.

Ambos se cruzaron una gran sonrisa mientras se despedían.

Talento se puso la ropa de trabajo y los EPI[1] en el vestuario y se dirigió al puesto de envasado, donde Brigitte le estaba esperando.

—Hola, Talento, ¿qué tal estás?

—Muy bien, Brigitte, con muchas ganas de seguir aprendiendo.

—Genial, Talento, esa es la actitud. ¿Qué tal te vas manejando con el puesto de envasado?

—Bien. De momento ya he aprendido a hacerlo y ahora tengo que ganar velocidad. Creo que hoy conseguiré hacerlo en el tiempo requerido.

—Muy bien, Talento. Recuerda que ahora mismo debes centrarte en aprenderlo bien y practicar. La rapidez vendrá con la práctica. No es el momento de acelerar, sino de afianzar los conocimientos.

—Perfecto, Brigitte. Gracias por el consejo.

—Ponte, por favor, con Marta y ella te indicará.

* * *

—Buenos días, Marta. Ya estoy por aquí.

—Hola, Talento. ¿Qué tal vas? ¿Tienes alguna duda o algo que necesites?

—Muy bien. La verdad es que me siento muy a gusto y tengo ganas de poder aportar al equipo. No tengo dudas, creo que he cogido bien los conceptos que aprendimos ayer.

—Fantástico, Talento. No te preocupes por ir rápido. Ya estás aportando al equipo. Solo con tu actitud y tu sonrisa, nos haces las cosas más fáciles y nos ayudas a sacar las cosas adelante. Hoy vamos a seguir practicando el puesto de envasado. Lo primero que vamos a hacer es repasar el puesto de trabajo con la técnica de aprendizaje que vimos ayer.

—Genial, Marta. Me vendrá bien para reforzar lo aprendido.

Marta invirtió los primeros cinco minutos de la jornada de Talento en repasar paso a paso la operación de envasado, siguiendo el plan de formación, asegurándose de que Talento la comprendía y hacía correctamente.

1. EPI: equipo de protección individual.

—Estupendo Talento. Lo tienes controlado. Ahora sigue practicando y fíjate bien en cada paso. Tu objetivo de hoy es hacer todos los envasados perfectos. No importa cuántos hagas, pero necesito que los que consigas hacer estén todos perfectos.

—Genial, Marta, me pongo con ello.

—El cliente del pedido de hoy es Platea. Verás que tendremos bastante movimiento, que se te acumularán los platos para envasar. Pero no te preocupes, yo vendré de vez en cuando para ayudarte y liberar el atasco. Tú sigue practicando a tu ritmo, sin acelerarte y con los cinco sentidos puestos en seguir todos los pasos para hacer cada envasado perfecto.

—Entendido, Marta. Gracias.

Talento siguió las instrucciones de Marta. Comenzó a envasar platos siguiendo las instrucciones de su plan de formación. Estaba superconcentrado para que saliese todo bien, sin ningún fallo. Se sentía bien, seguro de que lo estaba haciendo bien y de que lograría el objetivo.

De repente, comenzaron a llegar platos y más platos. Lo que había vaticinado Marta se estaba cumpliendo. Talento hacía todo lo que podía, pero, a pesar de su esfuerzo, los platos se acumulaban y no conseguía dar abasto.

Talento comenzó a sudar. Una sensación de no poder con el trabajo se le estaba apoderando. Tenía que seguir practicando, con su paso a paso, pero de esta forma, los platos se le acumulaban.

Cuando Talento empezaba a desesperarse, apareció Marta.

—¿Qué tal, Talento? ¿Cómo vas?

—Pues ahora un poco mal, la verdad. Estoy muy apurado porque no consigo envasar todos los platos que llegan.

Marta le sonrió.

—¿Qué te he dicho antes?

—Sí, la verdad es que ya me habías avisado de que esto iba a pasar. Pero, aun así, me he agobiado.

—Tranquilo. Este es tu segundo día. Lo estás haciendo muy bien. Yo ahora te echo una mano y juntos liberaremos el atasco. Tú sigue con tu proceso de práctica. Preocúpate de hacer los envasados bien, sigue cada paso.

—Gracias, Marta, muchas gracias por tu apoyo y por tu ayuda.

Talento recuperó la sonrisa. Las palabras de Marta habían surtido efecto, Talento se tranquilizó y recuperó la confianza.

Las siguientes horas del día fueron muy duras. Los platos no paraban de llegar, Talento y Marta sudaron para conseguir envasarlos todos.

—Bueno, Talento, ya hemos acabado. Nos ha costado, pero hemos conseguido envasarlos todos. Has hecho un buen trabajo.

Talento estaba cansado, sudoroso y muy concentrado.

—Uffff, sí, creo que por fin lo hemos conseguido. Pensaba que no íbamos a poder.

—Y ¿cómo te sientes ahora? —dijo Marta.

—Pues ahora genial. Creo que hemos hecho un gran trabajo y lo hemos conseguido. Muchas gracias, Marta, sin ti, no hubiese sido posible.

—Talento, vamos a la reunión con Brigitte.

Al final del turno, todos los días, Brigitte juntaba al equipo para comentar el resultado de la jornada.

—Muy bien, chicos. Habéis hecho un trabajo excelente. Os felicito. Hemos sacado adelante el pedido de Platea y solo hemos tenido veinte platos con envasado defectuoso. ¡Objetivo cumplido! Gracias a todos. ¡Démonos un gran y merecidísimo aplauso! Mañana volvemos a los pedidos habituales. Tenemos que conseguir mantener el nivel de platos defectuosos. ¡Vamos a por ello! ¡Lo conseguiremos! ¡A descansar, chicos! Muchas gracias a todos.

El ambiente en el equipo era de júbilo. Brigitte, Marta, Juan y el propio Talento, sonreían y no paraban de abrazarse. Se oían gritos constantes de alegría y hasta alguno se animó con unos pasos de baile.

Era el resultado de un trabajo bien hecho y un objetivo cumplido.

***

Talento llegó a casa feliz y destrozado. Josi sonreía al ver cómo Talento devoraba lo que había en la mesa mientras relataba todo lo que había vivido en su segundo día de trabajo. Estaba orgulloso de su hazaña, de haber podido aportar su trabajo para conseguir el objetivo y de pertenecer al equipo de Personia.

En cuanto terminó de comer se tumbó en el sofá y se durmió, rendido. Josi le observaba y no podía dejar de reírse. Talento estaba soñando, y lo hacía con el envasado de los platos. Movía las manos como si estuviese en la fábrica y murmuraba contando cada paso de la operación.

Finalmente, Talento despertó, y tuvo que aguantar las risas de Josi durante varias horas.

—¿Qué, Josi, nos vamos al gimnasio? —preguntó Talento.

—¿Pero te quedan ganas? —respondió Josi.

—¡Pues claro! Además, lo necesito. Tengo que ponerme fuerte para poder sacar los pedidos. Creo que ya estoy preparado para que me enseñen un nuevo puesto.

—Anda, que ya te vale —respondió Josi.

Y juntos, se fueron al gimnasio, donde siguieron comentando los progresos de Talento en su empresa.

BUENAS PRÁCTICAS

Incorporación plena: segundo día

Practicar es convertir en conocimiento en habilidad

Una vez que el candidato entiende el procedimiento y sabe hacerlo, llega el momento de practicar hasta alcanzar el desempeño óptimo en el tiempo requerido. La práctica debe ser progresiva y sin presión, con un formador que cuide al candidato, compruebe que cumple el paso a paso y que le pida *feedback* de manera constante:

- Practicar la operación siguiendo el paso a paso para interiorizar la secuencia.

- Practicar con autonomía, permitiendo que el candidato practique sin intervención directa.
- Supervisar y pedir *feedback* frecuentemente, asegurando la correcta ejecución.
- Centrarse en aprender bien (siguiendo el estándar) y practicar. La rapidez vendrá con la práctica.
- Refuerzo constante por parte del formador, garantizando el respeto del estándar.

Los formadores son los responsables de que los candidatos aprendan a desempeñar el puesto de trabajo. Deben insistir en el cumplimiento de la instrucción de trabajo y ocuparse de ello. Practicar, practicar y practicar.

Son los garantes de la seguridad y la calidad en la empresa. Personas que aseguran la satisfacción del cliente. Y también deben transmitir la responsabilidad del puesto a cada persona que se forma.

Son como los padres con los hijos; siempre están velando por ellos, cuidándoles, siendo su mejor ejemplo. Pero también les tienen que dejar hacer, soltar riendas y enseñarles a que se levanten tras una caída.

9. Tercer día de trabajo. Trasladar la responsabilidad

Talento llegó como siempre puntual a su puesto de trabajo.

—¿Qué tal, Pilar?

—Buenos días, Talento, me han dicho que ayer fue muy bien, ¿no?

—Sí, la verdad es que sí. Conseguimos sacar el pedido de Platea. Por los pelos, pero lo conseguimos, je, je.

—Enhorabuena, Talento, no era una empresa fácil. Que pases un buen día.

—Gracias, Pilar, igualmente.

Ya en la zona de envasado, Talento se dirigió al puesto de envasado, preparado para realizar su responsabilidad.

—Buenos días, Talento —dijo Marta, que acababa de llegar.

—¿Qué tal has dormido? Me imagino que bien, ¿eh?, ¡ayer nos dimos una buena paliza!

—Pues sí, Marta, he dormido como un lirón. Llegué reventado. ¿Tú qué tal estás?

—Pues muy bien, con ganas de darle caña a todo esto y conseguir los resultados un día más.

—Vamos a ello —dijo Talento.

—Bueno, Talento, hoy seguirás en el puesto de envasado. Creo que, con la práctica de hoy, y el machaque de ayer, je, je, ya vas a coger el ritmo que necesitamos en este puesto. Si es así, mañana pasarás al puesto de encajado y paletizado.

—Genial, Marta, yo me veo preparado y tengo muchas ganas de aprender un nuevo puesto.

—Bien, como siempre, lo primero que vamos a hacer es repasar paso a paso tu plan de formación; cógelo.

Marta aplicó de nuevo el método de los cuatro pasos con Talento para que consolidase sus conocimientos. Talento ya se lo sabía de memoria, pero Marta quería recalcarle la importancia de seguir siempre las pautas establecidas y repasarlas cada día para no cometer errores.

Acabado el repaso, Marta lo dejó solo, dándole ya la responsabilidad del puesto.

—Bueno, Talento, ya estás preparado para hacer este puesto solo. Yo voy a estar por aquí, así que para lo que necesites me llamas. Hoy necesito que envases todos los platos que vayan llegando. Creo que ya tienes el ritmo adecuado para que puedas tú solo, así que aplica lo que has aprendido, sigue el paso a paso, sin cometer errores y gana agilidad. No te preocupes si se te acumula algún plato. A veces pasa. Tú sigue a tu ritmo y, aunque a veces te agobies, sigue trabajando duro y concéntrate en hacer el envasado bien a la primera. Verás como lo consigues.

Marta dejó a Talento en el puesto de envasado y se fue a hacer sus otras responsabilidades. Sabía que a Talento le iba a costar, pero confiaba en que podría hacerlo. Necesitaba ponerle este reto para que siguiese progresando y culminase su proceso de aprendizaje en el puesto de envasado.

Mientras tanto, Talento estaba feliz y contento. Marta había confiado en él para envasar todos los platos del turno. Estaba seguro de que podría conseguirlo.

Los platos fueron llegando, primero de uno en uno, luego de dos en dos, a continuación de tres en tres y finalmente de cuatro en cuatro.

Talento comenzó con mucha seguridad, haciendo cada paso y asegurándose de no cometer errores. Pronto se empezó a agobiar viendo a la velocidad con la que llegaban los platos que se amontonaban ante él. Estuvo a punto de llamar a Marta para que le echase una mano, pero recordó sus palabras. «Trabaja a tu ritmo, sin errores y podrás». Y así lo hizo, venció el agobio y siguió trabajando duro y concentrado. Envasó plato tras plato y, sin darse cuenta, cada vez lo hacía más y más rápido. Envasó todos y cada uno de los platos, hasta tal punto que, cuando llegó el último plato, se extrañó de que ya no llegasen más.

En ese momento se acercó Marta:

—¿Y bien, Talento?

—Pues creo que ya he acabado de envasar todos los platos.

—Así es. Y te felicito porque lo has hecho muy bien. Has conseguido envasar todos los platos y solo has hecho dos defectuosos. Muy bien, Talento, estoy orgullosa de ti. Ya dominas el puesto de envasado.

—¡Yujuuuuu! No hay nada que ahora mismo me haga más feliz.

—Talento, ya sabes envasar platos. A partir de ahora, cuando desarrolles este puesto, tendrás la responsabilidad de hacer bien el envasado de los platos. Ya sabes, hacerlo bien a la primera, hará que nuestros clientes sonrían.

—Entendido, Marta. No te preocupes, que lo haré bien. ¡Quiero conseguir esa sonrisa!

Talento acabó de recoger su puesto de trabajo, se cambió y se dirigió a su casa feliz y contento.

***

—Josiiiiii! —gritó Talento mientras entraba en casa.

—¿Qué pasa, Talento? —espetó Josi un poco asustado por el grito de Talento.

—¡Buaaaaaaa! ¡Genial, tío! ¡Estoy supersupercontento!
Hoy me ha dejado solo Marta.

—¿Solo? ¡Pero si acabas de empezar!

—Eso mismo he pensado cuando me ha dicho que me ocupase del puesto de envasado yo solito. Pero la verdad es que he seguido sus consejos y, aunque ha habido momentos en los que se me salían los platos hasta por las orejas, he conseguido envasarlos todos perfectamente. Me siento genial, tío. No sé cómo describírtelo. Es como cuando dominas algo, lo haces bien y te salen las cosas.

—Te entiendo perfectamente. Cuando eres responsable de algo, te encargas de sacarlo adelante. Y cuando encima consigues un buen resultado, te sientes genial por poder haber aportado tu granito de arena.

—Eso es, Josi. Así me siento yo. Y ¿sabes lo que te digo...? ¡Vamos a celebrarlo! Vamos a tomarnos unos bocatas en el bar de abajo y te cuento todo. ¿Te hace?

—Me hace —dije con una gran sonrisa.

Los dos cenamos unos buenos bocatas de tortilla de patata con lomo y mayonesa, acompañados de dos buenas cervezas. La velada fue increíble. Pasamos el rato contándonos las aventuras del día, riendo y disfrutando. Estábamos emocionados.

BUENAS PRÁCTICAS

Generar conciencia sobre la responsabilidad del puesto

Una vez que el candidato sabe hacer la operación en el tiempo requerido, es el momento de trasladarle la responsabilidad del puesto. Este es el objetivo de nuestro plan de formación:

- Pedir *feedback* al candidato sobre su confianza en la ejecución del puesto en el tiempo requerido.

- Recordarle que, a partir de ahora, es su responsabilidad cumplir con los objetivos establecidos para su puesto.
- El formador y los compañeros deben estar siempre a disposición del candidato para seguir ayudándole y animándole. ¡Hay que hacer equipo!
- Trasládale la responsabilidad del puesto que ha aprendido. Es el momento de darle autonomía y dejarle crecer. Déjale ser el máximo responsable de su puesto de trabajo.

10. Cuarto día de trabajo. Polivalencia I

Ya en el puesto de trabajo, Marta recibió a Talento.

—Buenos días, Talento, ¿todo bien?

—Buenos días, Marta, superbién. Dispuesto a continuar aprendiendo.

—Genial. Bueno, ya has aprendido el envasado. Sabes hacerlo y has cogido el ritmo suficiente para hacerlo bien y a tiempo. Ahora tienes que afianzarlo. Recuerda que, a partir de ahora, cuando estés en ese puesto, tú eres el responsable de envasar bien todos los platos que lleguen. ¿Entiendes bien lo que esto significa?

—Sí, Marta. A partir de ahora, cuando yo esté en el puesto de envasado, yo me ocupo de conseguir la sonrisa del cliente. Tengo la responsabilidad de hacerlo perfecto para conseguirla.

—Exactamente, Talento. ¡Eso es lo que necesitamos!

Además, hoy te empezaré a enseñar el puesto de encajado y paletizado. Seguiremos la misma técnica que con el de envasado. Aprenderás con el método de los cuatro pasos y cuando hayas aprendido a hacer todos los pasos bien y a la velocidad necesaria, serás también responsable de ese puesto.

—Fantástico, Marta. Muchas gracias por esta oportunidad y por tus enseñanzas. Estoy aprendiendo un montón.

—De nada —dijo Marta con una sonrisa—. Pues bien, Talento, comienza en el puesto de envasado y, después de la pausa de media mañana, empezamos con el encajado y paletizado.

Talento se dirigió al puesto de envasado hasta la hora de la pausa. Es increíble, pero Talento, que apenas llevaba cuatro días trabajando en la empresa, parecía ya todo un experto en el puesto de envasado. Se desenvolvía con total soltura.

Después de la pausa, Marta comenzó con las explicaciones del puesto de encajado y paletizado.

—Talento, este puesto es el que sigue en el proceso productivo al de envasado. Una vez que hemos envasado los platos, debemos meterlos en cajas y luego confeccionar el palé con el dibujo que quiera el cliente. Tal y como tú encajes y paletices los platos le llegarán a cada cliente. Como ves, este puesto es de vital importancia. No solo tienes que encajar y paletizar los platos, sino que tienes la responsabilidad de detectar cualquier anomalía para evitar que llegue al cliente un plato que no esté ok. ¿De acuerdo?

—De acuerdo.

Talento atendía la explicación de Marta totalmente concentrado. No quería perderse ningún detalle. Marta prosiguió:

—Vale, pues ahora vamos a comenzar con el aprendizaje. Coge, por favor, la ficha del puesto de encajado y paletizado que tienes en tu plan de formación.

—Aquí la tengo.

—¡Perfecto! Pues ahora vamos a hacer como con el puesto de envasado:

»Primero, te explico cada paso mientras leemos la ficha.

»Después, me leerás tú la ficha, paso a paso, y haré yo la operación siguiendo tus instrucciones.

»A continuación, leeré yo la ficha mientras tú haces la operación.

»Y, por último, harás tú solo la operación siguiendo la ficha, mientras yo compruebo que ejecutas cada paso correctamente.

—¡Hecho! —dijo Talento.

Talento y Marta dedicaron unos diez minutos a que Talento aprendiese el nuevo puesto siguiendo el método de los cuatro pasos.

—Y bien, Talento, ¿ya estás listo para encajar y paletizar? —dijo Marta.

—Yo creo que sí, Marta. Lo he entendido muy bien.

—Vale, pues, ahora, Talento, recuerda que te toca saber. Es decir, tienes que dedicarte a seguir cada paso, enfocándote en no dejarte ninguno y hacerlos correctamente. Ya tendrás tiempo de coger velocidad. Ahora a saber.

—Entendido, Marta, me voy a ocupar de aprender cada paso perfectamente.

Y así fue, Talento se pasó el resto de la jornada realizando cada uno de los pasos de la operación de encajado y paletizado. Fiel a la ficha del puesto, repasándola en cada paso, hasta que finalizó la jornada.

Marta se iba acercando de vez en cuando para revisar las operaciones que hacía Talento, comprobando que las hacía bien, felicitándolo por su buen trabajo y corrigiéndole cuando era necesario.

—Bueno, Talento, ya sabes el puesto de encajado y paletizado. ¡Te felicito!

—Gracias, Marta. Sí, la verdad es que me sale bastante bien.

—Ahora a descansar. Mañana seguiremos practicando este puesto y combinándolo con el de envasado.

—Genial, Marta. Que descanses tú también. Hasta mañana.

—Hasta mañana, Talento.

BUENAS PRÁCTICAS

Polivalencia I

Formar al candidato en todos los puestos de trabajo (de nivel 1) de la sección es la fórmula más eficaz para conseguir de forma rápida la máxima polivalencia. También es el mejor camino para que el candidato se sienta valorado, motivado e integrado en el equipo:

- Divide los puestos en los 3 niveles de formación expuestos.
- Forma al candidato en todos los puestos de nivel 1 de formación.
- Trasládale la responsabilidad una vez transcurrido el período de formación.

11. Quinto día de trabajo. Polivalencia II

Talento cumple ya su primera semana de trabajo. ¡Quién se lo iba a decir hace tan solo siete días! Se ha integrado perfectamente en Personia y, si todo va bien, hoy tendrá ya la responsabilidad de los puestos de envasado y encajado-paletizado.

En cinco días, Marta ha conseguido enseñar y trasladarle a Talento la responsabilidad de dos de los tres puestos de la sección. ¡Todo un logro!

Y, por si fuera poco, Talento está encantado. Se siente partícipe del proyecto de Personia. Se siente bien por saber desempeñar las funciones que ha aprendido. Quiere conseguir la sonrisa del cliente. ¡Está comprometido!

Talento pasa su quinto día de trabajo desarrollando la responsabilidad del puesto de envasado y acabando de practicar el puesto de encajado-paletizado.

Al final de la jornada, Talento ya sabe hacer el puesto y es capaz de hacerlo en el tiempo requerido.

—Talento, ya has aprendido también este puesto. Haces bien todos los pasos en el tiempo requerido. Te felicito, lo estás haciendo muy bien.

—Muchas gracias, Marta. Me siento fenomenal.

—Ya sabes lo que significa esto, ¿no? —dijo Marta.

—Sí. Que, a partir de ahora, cuando trabaje en el puesto de encajado-paletizado, tendré la responsabilidad de este puesto.

—Así es. ¡Enhorabuena! Vamos ahora a la reunión del equipo. Hoy toca la reunión semanal, donde Brigitte nos cuenta cómo ha ido todo y nos anticipa los retos que tendremos la semana que viene.

—Ah, pues me parece muy bien.

Ambos se dirigieron al centro de la sección, donde Brigitte se dirigió a los trabajadores de la sección de envasado.

—Hola, chicos. Lo primero que quiero hacer es daros las gracias por vuestro esfuerzo y vuestro trabajo durante toda esta semana. Hemos trabajado muy duro y muy bien. Os felicito. En cuanto a los resultados, esta semana hemos cumplido el objetivo de platos ok, con un 97 % de platos ok sobre el 95 % que teníamos como reto. Respecto a los platos no ok, conseguido una mejora del 1 % sobre el objetivo que teníamos. Hemos hecho un buen trabajo porque hemos detectado todas las incidencias en la sección, y hemos evitado que llegasen en mal estado al cliente. Debemos prestar más atención y estar más concentrados al realizar las operaciones. Necesitamos asegurarnos de que hacemos bien cada paso. De esta forma, la semana que viene conseguiremos el objetivo.

BUENAS PRÁCTICAS

Polivalencia II

1. Polivalencia, clave para equipos flexibles y motivados

Una vez que el candidato es capaz de saber-practicar-hacer un puesto de trabajo, es necesario trasladarle la responsabilidad y darle autonomía.

- Trasladar la responsabilidad del puesto.
- Darle autonomía.
- Comenzar a formarlo en el siguiente puesto.
- Insistir con el cumplimiento y seguimiento de los estándares en cada puesto aprendido.
- Involucrarlo en el resultado conseguido y con su aportación, reconociendo su impacto en el equipo y en la empresa.

2. Máquinas y formación especializada

Las máquinas industriales son peligrosas. Es necesario formar al candidato con personas homologadas por la empresa para dar esta formación.

- Solo los formadores homologados pueden impartir la capacitación en máquinas.
- Enseñar desde una perspectiva de seguridad, orden y limpieza, garantizando entornos de trabajo seguros.

12. Segunda semana. Final del período de formación

En su segunda semana de trabajo, Talento ya dominaba los puestos de envasado y paletizado. Ya los hacía de forma autónoma y tenía la responsabilidad de sendos puestos cuando le tocaba estar en ellos.

Juan comenzó a formarlo en el último puesto de la sección: el de expediciones.

Para este puesto se necesitaba manejar una transpaleta eléctrica, Juan era el formador interno acreditado por Personia.

—Mira, Talento, el puesto de expediciones es muy sencillo. Simplemente, tenemos que llevar los palés al área de expediciones. Allí nuestros compañeros los montarán en los camiones y, una vez listos, los transportaremos hasta nuestros clientes. Pero tienes que prestar mucha atención a esta máquina.

Juan señaló la transpaleta eléctrica mirando con rostro serio a Talento.

—Yo te voy a enseñar a manejarla. Iremos despacio, paso a paso, como has hecho con cada una de las operaciones, hasta que la domines y puedas responsabilizarte de ella.

Juan le pidió a Talento que sacase de su plan de formación la ficha del puesto de expediciones, y, sobre el mismo, le explicó cada parte de la máquina, cómo funcionaba, cómo se mantenía, cómo debía manejarla de forma segura, cuáles eran las instrucciones de seguridad y el resto de las funciones del puesto.

Siguió el método de los cuatro pasos y, juntos, comenzaron a trasladar los palés desde el área de paletizado a la de expediciones.

Talento seguía aprendiendo y progresando, y en sus dos primeras semanas había finalizado su plan de formación en la sección de envasado y era ya capaz de hacer cada uno de los puestos con total responsabilidad.

A las 13 horas del viernes, cuando Talento estaba llevando los últimos palés al área de expediciones, Brigitte le llamó para que acudiese a su despacho.

Talento aparcó la transpaleta y, dejando todo ordenado, se fue raudo a ver a Brigitte.

—Hola, Talento —dijo Brigitte con una gran sonrisa—. ¿Qué tal estas dos semanas?

—La verdad es que todo ha ido muy bien, Brigitte. Estoy muy contento. Me estáis tratando muy bien y me habéis enseñado mucho. Estoy muy a gusto.

—Me alegro mucho, Talento. Así debe ser. Ese es nuestro trabajo. Te he llamado porque hoy acaba tu plan de formación. Habíamos planificado las dos primeras semanas para que aprendieses los tres puestos de la sección y quiero repasar contigo cada uno de ellos para asegurarme de que los dominas, te sientes seguro y ver si podemos dar por finalizado este período de formación.

»Necesito que seas sincero. No se trata de que me digas a todo que sí. Ya sabes que trabajamos duro para conseguir la sonrisa del consumidor y si es necesario insistir con algún tema o alargar la formación unos días, es preferible que lo hagamos a hacer las cosas rápido y mal.

Brigitte repasó con Talento cada uno de los puestos, el conocimiento que tenía de los mismos y de los estándares, comprobando y preguntándole si se sentía plenamente formado y capaz de desarrollarlos con autonomía y responsabilidad.

—Muy bien, Talento. Superada entonces la fase de formación. ¡Enhorabuena! Ahora eres uno más del equipo, lo que significa que tienes la responsabilidad de hacer las cosas bien a la primera, como todos nosotros, para...

—¡Conseguir la sonrisa del consumidor! —prosiguió Talento con una gran carcajada.

BUENAS PRÁCTICAS

Segunda semana: cierre de la formación

La finalización del plan de formación es momento de la autonomía, por lo que es necesario realizar una entrevista de *feedback* para validar que el candidato se siente preparado para asumir su rol con plena autonomía.

- Realizar la entrevista de *feedback* para evaluar su confianza y preparación.
- Preguntar si se siente listo para asumir la responsabilidad del puesto.
- Si está preparado, trasladarle oficialmente la responsabilidad.
- Si aún no está seguro, continuar con su formación hasta que pueda desempeñar su puesto con confianza.

Este es un momento trascendental. Es necesario saber trasladar la responsabilidad una vez que el candidato ha adquirido la destreza necesaria y reconoce que puede trabajar con autonomía en el puesto. Para eso hay que formar con la vista puesta en la responsabilidad y en la autonomía.

Uno de los errores más habituales es que no trasladamos la responsabilidad, solo las tareas. Eso no es suficiente. Si queremos formar personas comprometidas, tenemos que hacerlas responsables de lo que hacen. Es también un buen camino para construir una empresa donde cada uno haga su trabajo, y no existan ni sobrecargas innecesarias ni personas imprescindibles.

13. Plan de desarrollo del talento. Comprometer

Superado el plan de formación, Talento continuó ganando destreza y conociendo cada vez más la sección y la empresa.

Llegó un momento en el que tenía tan interiorizadas las instrucciones de trabajo, que ya no tenía ni que pensarlas.

—Talento, enseguida vas a hacer un año en Personia —le dije.

—Ostras, es verdad. ¡Cómo pasa el tiempo! ¿Recuerdas cuando estaba en Grecia y me llamaste para que me viniese a tu piso?

—¡Como para no acordarme! Estabas superagobiado, tío. ¡Menos mal que te viniste! Ha sido una experiencia increíble para los dos.

—Sí, la verdad es que me sacaste de un gran apuro y luego todo ha ido rodado. Hemos tenido mucha suerte.

—Bueno, y ¿qué tal ahora que ya vas a hacer un año en tu empresa? ¿Sigue siendo tan maravillosa como pensabas al principio?

—Pues sí, Josi. Tengo mucha suerte. Tenemos un gran ambiente de trabajo en la sección, no falta el trabajo y estamos a tope para conseguir la sonrisa del consumidor, je, je, je. ¿Sabes?, creo que el truco es que la responsable de mi sección, Brigitte, es una gran líder. Nos cuida, nos anima, nos hace partícipes de todo lo que pasa en la empresa y nos hace sentir que somos una parte muy importante dentro de la empresa. Además, con Marta y Juan me llevo fenomenal. Me han cuidado mucho desde el principio, me lo han enseñado todo y ahora formamos un gran equipo. Me siento en deuda con ellos y espero poder estar devolviéndoles parte de lo que ellos me han dado.

—Seguro que sí, eres un gran currante. Y, ahora, ¿qué?, ¿qué planes tienes para el futuro ahora que ya estás asentado en la empresa?

—Pues no lo sé. La verdad es que me gustaría seguir aprendiendo cosas y poder crecer en la empresa.

—¿Has pensado en decírselo a Brigitte?

—No. Tendría que hacerlo, ¿verdad?

—Yo lo haría, porque, si no, ella no es adivina e igual piensa que tú ya estás genial y no piensa en ti para promocionarte.

Al día siguiente, Talento acudió como todos los días a su puesto de trabajo en la sección de envasado.

Estuvo toda la mañana supernervioso. No encontraba el momento para ir a hablar con Brigitte.

Al finalizar el turno, Brigitte, como siempre, los reunió para comentarles el resultado del trabajo del turno y los objetivos y puntos de mejora para el día siguiente.

Talento aprovechó al final de la reunión para dirigirse a Brigitte:

—Brigitte, eh... eh... eh —a Talento le temblaba la voz—, ¿tienes ahora un momento?

—Por supuesto, vamos a mi despacho, que así estaremos más tranquilos.

Talento recorrió los cincuenta metros que había hasta el despacho de Brigitte pensativo, nervioso y sudoroso. Nunca había tenido una conversación de este tipo y las gotas de sudor comenzaban a convertirse en una pequeña cascada de agua que recorría todo su cuerpo.

—Bueno, Talento, ¿qué tal estás? Te veo un poco nervioso, je, je. Relájate que yo estoy aquí para ayudarte y sabes que puedes contar conmigo.

—Lo sé, Brigitte, gracias, lo que pasa es que llevo toda la mañana dándole vueltas para hablar un tema contigo y no me había atrevido hasta ahora. Se me ha ido haciendo una bola cada vez más grande.

—Es normal, Talento. Yo he tenido esta sensación muchas veces. Por cierto, llevas ya casi un año con nosotros, ¿no?

—Sí, en dos semanas hago un año.

—Y ¿qué tal?

—Pues precisamente por eso quería hablar contigo. Llevo casi un año en Personia y estoy genial. Me siento parte de una gran empresa, con un gran proyecto y me encanta trabajar cada día para conseguir la sonrisa del consumidor. Además, os estoy superagradecido a Marta, a Juan y a ti. Me lo habéis enseñado todo y me siento muy a gusto formando parte de este equipazo. Y, Brigitte, precisamente por este motivo quería hablar contigo. Voy a hacer un año en la empresa, estoy súper a gusto y me gustaría saber qué tengo que hacer para poder seguir creciendo y ayudando más a Personia.

—Me encanta escucharte decir estas palabras. Ya sabes que me gustan mucho las personas que quieren crecer y asumir responsabilidades. Esa es una buena madera para construir cosas importantes. Y, Talento, cuando hablas de que te gustaría crecer y ayudar más, ¿en qué estás pensando? ¿Qué crees que podrías hacer?

—No lo sé, Brigitte. Simplemente tengo un gusanillo dentro que me dice: Talento, ¡tira para arriba! Me imagino que me gustaría algún día poder parecerme a ti, construir un gran equipo y, juntos, alcanzar cada día los objetivos que nos propongan.

—Eso es muy bonito, Talento. Muchas gracias. Así que quieres ser un líder. ¿Sabes lo que eso significa?

—Pues no lo sé, Brigitte. Solo sé que veo lo que haces, lo que consigues, y me encanta.

—De acuerdo, Talento. Te propongo que hagamos el siguiente plan; primero te voy a enseñar lo que, desde mi punto de vista, debe ser un líder, y cuando acabemos, tendrás que valorar si realmente eso es lo que quieres o si prefieres seguir como estás ahora. Este plan de formación nos llevará unos seis meses. ¿Te parece bien?

—Por supuesto que sí. Te estoy superagradecido. ¿Cuándo empezamos? Je, je, je.

Brigitte y Talento se fueron a casa entre risas, los dos muy ilusionados. Brigitte, por tener la oportunidad de formar a un nuevo líder de Personia; y Talento, por la oportunidad que iba a tener de seguir creciendo.

BUENAS PRÁCTICAS

Compromiso. La clave del desarrollo de talento

El camino para formar a un líder es un proceso profundo y progresivo. Antes de otorgar la responsabilidad de liderar, es fundamental que la persona comprenda el verdadero significado del liderazgo. Ser líder no consiste únicamente en gestionar tareas, sino en influir y guiar a otras personas. Cada error en el entrenamiento de un líder tiene un impacto directo en las personas que lo rodean y en sus circunstancias personales. Por ello, la formación debe ser rigurosa, estructurada y con una base sólida de valores.

El primer paso en la formación de un líder es generar confianza y comprensión sobre lo que implica liderar. Es clave que el candidato se sienta en un espacio donde pueda expresarse con libertad y entender la magnitud del compromiso. Para ello:

- Llévalo a un sitio donde se sienta cómodo para hablar.
- Dale confianza y déjale hablar. Ayúdale, si es necesario.
- Pregúntale qué quiere exactamente y sus motivaciones: ¿Por qué quiere liderar? ¿Qué espera del liderazgo?
- Refuerza el sentido de la responsabilidad y la importancia del crecimiento personal.

- Traza un plan de desarrollo a medio plazo que incluya aprendizajes teóricos y prácticos sobre lo que significa ser un líder.
- Dale la opción de reconsiderar su decisión en caso de que aún no se sienta preparado. Un buen líder debe aceptar el liderazgo desde la convicción, no desde la imposición.

14. Liderar desde el compromiso

A la mañana siguiente, Talento amaneció resplandeciente, tenía una sonrisa de oreja a oreja. Su rostro reflejaba felicidad plena. Tenía la sensación de que había dado un paso importante en su carrera.

Talento cogió fuerzas desayunando, se cambió de ropa y se dirigió hacia Personia con ganas de comerse el mundo, darlo todo y aprender qué era eso que Brigitte llamaba ser un líder.

Talento tenía claro que se iba a convertir en un líder, el nuevo líder de Personia.

Talento pasó toda la mañana envasando los platos de Personia, imaginándose como un gran líder, cual don Quijote de La Mancha.

A la hora del almuerzo, Brigitte se dirigió al puesto de trabajo de Talento:

—Talento, buenos días, ¿cómo va la mañana?

—Muy bien, Brigitte. La verdad es que estoy superilusionado con el plan que trazamos ayer.

—Me encanta que pienses así, Talento. Si te parece, vamos a almorzar juntos y empezamos a deshojar el bonito mundo del liderazgo.

—¡Vamos allá!

Una vez en el comedor de la empresa, Brigitte comenzó con las explicaciones sobre qué era un líder.

—Talento, vamos a comenzar hoy nuestro plan para que conozcas y sepas en qué consiste ser un líder, y luego puedas decidir si esto es lo que realmente quieres. Lo primero que tienes que saber, es que hay una gran diferencia entre hacer el trabajo tú mismo, con tus propias manos, dependiendo solo de ti, que es lo que has aprendido a hacer durante todo este año en la sección de envasado, y hacer un trabajo liderando un equipo. En la sección de envasado has aprendido a desarrollar todos los puestos y ahora eres el responsable del trabajo que realizas en cada uno de ellos. El resultado de tu trabajo depende solo de ti. Es tu responsabilidad.

—Así es. Me costó aprender los estándares y conseguir hacer el trabajo con la calidad requerida y en el tiempo necesario, pero ahora soy capaz de hacerlo y tengo muy claro que esa es mi responsabilidad. Además, lo hago con mucho gusto porque sé que, si hago las cosas bien, conseguiré sacar una gran sonrisa a nuestros consumidores.

—Sin embargo, cuando lideras, de lo que se trata es de que consigas construir un gran equipo junto a otras personas, para que podáis lograr el mejor resultado con el esfuerzo y la implicación de todos. La diferencia es muy importante, porque aquí ya no vas a depender solo de ti. Vas a depender en una gran medida de las personas que forman tu equipo. ¿Entiendes la diferencia, Talento?

—Creo que lo entiendo perfectamente. Ahora mismo yo envaso los platos, lo doy todo y de mí depende conseguir la sonrisa del consumidor. Sin embargo, cuando eres un líder, dependes de otras personas. Ya no está todo bajo tus manos, sino que está en las manos de los demás, de las personas que tú lideras.

—Exacto. Realmente, como ya veremos, el resultado del trabajo del equipo sí que va a depender de ti, del líder, pero eso lo trataremos más adelante. Pero esta diferencia entre ser el único responsable de tu trabajo y depender del trabajo de los demás es muy importante. Cuando en la vida el resultado de tu trabajo no depende solo de lo que tú hagas, sino que depende de lo que hagan los demás, la perspectiva es muy diferente y tienes que estar preparado para soportar esa gran responsabilidad. Ahora mismo, tú respondes de tus hechos, de lo que tú haces. Cuando eres un líder, eres el responsable de tus hechos y de los de los demás. De ahí que el trabajo más importante en la preparación de un líder sea formarse para ser capaz de crear un equipo de personas responsables, liderarlas adecuadamente y comprometerlas. Para un líder, la cualidad más importante es liderar personas. ¿No te parece obvio?

—Pues parece evidente. Ser un líder es para liderar, ¡claro!

—Mucho más que saber de producción, de envasar o saber de una materia concreta. Porque como hemos visto, tu responsabilidad depende de cómo lideres, del trabajo de los demás y ya no solo de tu trabajo. Y aquí, Talento, entramos en un terreno muy bonito pero muy difícil. El terreno de las personas. Te voy a contar una cosa que me decía un gran maestro que tuve.

»Cuando tú estás trabajando con una máquina, cuando haces una acción con la misma, sabes lo que va a ocurrir. Puede ir hacia un lado o hacia el otro, hacia adelante o hacia atrás. La máquina va a actuar siempre de la misma forma. La máquina responde a tus actos.

»Pues bien, Talento, con las personas no es así. Las personas tenemos una mochila a nuestras espaldas que soporta todo lo que nos ha pasado en nuestra vida. Todo lo que hemos vivido. Todas nuestras experiencias. Las buenas y las malas. Todo el amor que hemos recibido y todos los palos que hemos tenido que ir soportando. Y esto, es un peso muy grande. Un peso que no todas las personas lo llevamos de la misma forma.

»Cuando tú lideras, te encuentras con que las personas que van a formar tu equipo no van a responder todas de la misma forma. Ya no estás delante de una máquina que si la empujas en una determinada dirección sabes hacia dónde va a salir.

»Las personas no somos así. Dependiendo de la mochila que cada uno llevamos, actuaremos de una forma u otra. Ya irás aprendiendo que cuando le dices una cosa a distintas personas, cada una coge su propio camino.

—Brigitte, perdona que te interrumpa, pero esto no lo entiendo muy bien, porque si yo soy el líder, yo mando. Y entonces, si yo le digo a una persona que haga una cosa, esa persona tiene la obligación de hacerla.

—Esto, Talento, en el mundo del liderazgo no es exactamente así. La responsabilidad que tú tienes sobre las personas, ese mando que tú dices, en realidad no es un mando, cuando tú lideras un equipo, tienes que ser capaz de convencerlos para que hagan las cosas como tú crees que es mejor para la compañía y para ellos mismos.

»No se trata de mandar, sino que se trata de convencer. Ya lo irás aprendiendo, pero el liderazgo no tiene mucho que ver con mandar, sino con convencer desde tus propios actos.

»Te voy a poner un ejemplo. Como sabes, yo tengo cuatro hijos. Me encantan los niños. Si yo les quiero enseñar que un vaso no se tira de la mesa al suelo, puedo o bien darles una bofetada o bien explicarles por qué no deben tirar el vaso al suelo.

»Si escojo la primera opción, la de la fuerza, te aseguro que mis hijos no volverán a tirar un vaso al suelo mientras yo esté presente. Sin embargo, si escojo la segunda, tendré que insistir varias veces hasta que mis hijos interioricen, entiendan y asuman que no se tira el vaso a suelo.

—Entonces Brigitte, ¡está claro! La mejor opción es la de la fuerza, es la más rápida y efectiva.

—Ya sabes que a veces en la vida el camino más rápido no es el más seguro, y en el liderazgo, tampoco el más eficiente. Con la primera opción consigues de forma inmediata lo que tú quieres. Lo que pasa es que lo haces utilizando la fuerza, haciendo que los niños tengan miedo. Y, además, no pases por alto la última frase. Lo consigues mientras tú estés presente. Porque como no les has explicado el porqué, los niños no lo saben.

»Entonces, cuando no estás, la rabia, la falta de respeto sufrida, el miedo, el enfado y el resto de la artillería, que tenemos los seres humanos cuando nos sentimos cabreados y maltratados, harán que esos niños tiren el vaso al suelo y nunca se sepa quién lo hizo.

—¡Qué bueno!

—Sin embargo, Talento, si escoges la opción del convencimiento, una vez que los niños lo hayan entendido e interiorizado, siempre lo harán bien, estés tú o estén solos. En el mundo de la empresa, de los líderes, el camino que tenemos que enseñar es el segundo. Es más arduo y costoso, pero mucho más eficiente. ¿Te imaginas lo que hará una persona cabreada en un turno de trabajo cuando su jefe-no líder no esté? ¿Te imaginas la cantidad de recursos adicionales que tendrá que contratar la empresa para controlar a toda esta gente cabreada?

—Lo veo claro, Brigitte. Cuanto más tiempo invirtamos en convencer, en explicar los porqués, más consideración nos tendrán nuestros equipos y mejor harán las cosas de forma autónoma.

—Así es. Y, además, conseguiremos hacer una organización armónica y equilibrada, donde cada uno ejerce y asume su responsabilidad sin necesidad de controles adicionales. Una organización basada en el respeto donde daremos pie al desarrollo de las personas.

»Porque, Talento, cuando tú enseñas desde los porqués, desde el convencimiento, estás creando una organización sin límites, donde las personas van a tener unas bases y unos valores muy sólidos. Y, a partir de ahí, cada persona aportará su granito de arena para establecer una mejora continua, que, si lo hacemos bien, será infinita y nos proporcionará un éxito jamás soñado.

»Esto que estamos hablando, Talento, es la riqueza de las personas. Tú, con una máquina, puedes aprender todo de esa máquina. Pero llega un momento en el que ya conoces la máquina. Ya no te enseña más. Ya no puedes seguir aprendiendo. Sus pautas, su funcionamiento, no varían. Serán siempre iguales, por lo que dejará de aportarte conocimiento. Sin embargo, con una persona, aprendes toda la vida. Todos los días, en cada instante, las personas te enseñan cosas. Por eso yo pienso que el trabajo más bonito que se puede tener en la vida es liderar, porque es una forma de aprender y mejorar permanentemente. Y ya sabes que, para mí, la vida es un aprendizaje continuo, y me gusta vivirla así.

»Pero también tienes que saber que es un trabajo muy difícil, porque las personas, cada una con nuestra mochila, reaccionamos de maneras distintas. Y en función del equipo que tengas deberás desarrollar el tipo de liderazgo que tú tienes que aplicar, no te va a valer el mismo para todas las personas de tu equipo, tendrás que ir adaptándote a cada una de ellas.

—Pero ¿qué me dices, Brigitte? Yo voy a ser el líder y ¿yo me voy a tener que adaptar a cada una de las personas de mi equipo? ¿No serán ellas las que tendrán que adaptarse a mí? Yo creo que es más fácil.

—Ja, ja, ja.

Brigitte no podía parar de reírse. Talento, con su sentido común y su inexperiencia, no entendía nada. Empezaba a descubrir algunos conceptos del liderazgo que no tenían nada que ver con la imagen que él tenía de un líder.

—Sería más fácil, Talento, pero la realidad no es esa. La realidad es que el líder es el que tiene que adaptarse a cada persona. Pero no te preocupes, eso que piensas lo he escuchado muchas veces y parece que es lo que opinan muchas personas. Incluso, en alguna ocasión, se lo he escuchado decir a algún líder y eso ya es mucho más preocupante.

»Tú estás aquí para aprender a liderar, y yo te voy a guiar en este proceso para que seas un gran líder. Y un gran líder no es aquel a quien obedecen. Es aquel que, con su liderazgo, es capaz de convencer a los demás para que hagan lo que la organización necesita.

»Mira, Talento, el camino de utilizar el poder para obligar a conseguir los objetivos es eficaz, pero tiene un recorrido muy corto. Te voy a poner un ejemplo: si tú obligas a una persona a hacer algo utilizando tu posición en la empresa, esa persona lo hará. Es bastante sencillo conseguirlo. Pero no entenderá por qué tiene que hacerlo, ni sabrá el resultado que tiene su acción ni por qué tiene que hacerse así. Habrás oído alguna vez la frase «tú hazlo y no pienses, que no te pago para pensar, sino para obedecer». Esto, desde luego, no compromete a nadie, quizás todo lo contrario.

»Lo que suele pasar con este tipo de liderazgos, es que funcionan con la presencia del líder, y cuando no está, las personas no se sienten en disposición de mantener esa obligación y no siguen la orden que se les había dado.

»Esto es un gran problema para la organización porque pueden tener una parte de sus procesos descontrolados, justo aquellos en los que el líder no está, o necesitan duplicar el número de recursos, de líderes, en este caso, para mantener todo bajo control. Bajo su mando, diría yo.

»Sin embargo, el liderazgo que yo te propongo no es tan rápido. Es necesario explicar muy bien las cosas, explicar por qué, para qué, cómo e informar de los resultados, involucrarlos permanentemente en el proceso, hacerles sentirse parte del mismo, hacerles ver que la sonrisa del consumidor también es, en parte, por ese trabajo que están realizando.

»Como te digo, es mucho más costoso. Sin embargo, una vez que les has convencido, tienes a las personas preparadas, comprometidas y responsables de hacer las cosas como necesitas que se hagan. Ya no es necesario que los supervises. No será necesario que la empresa invierta en más recursos en nuevos líderes. Habremos construido un equipo de personas responsables, que se encargarán de hacer su trabajo de forma autónoma y responsable.

—¡Guau! Me acabas de convencer, Brigitte. Tengo muy claro que mandar no sirve para mucho. Que si lidero desde el compromiso y el convencimiento, el resultado a largo plazo será mucho mejor, y todo funcionará muy bien y con menos costes.

—Y, además, Talento, habrás conseguido otra cosa aún más importante. Habrás conseguido hacer felices a esas personas y estarán dispuestas a darlo todo por ti. ¿Cómo te sentiste tú cuando aprendiste a manejar el proceso de envasado y te dimos la responsabilidad de llevarlo tú solo?

—Pues me sentí genial. Me acuerdo de que llegué a casa con una gran sonrisa y le conté a Josi que ya sabía hacer el proceso de envasado yo solo y que a partir de ahora yo soy el responsable de que el envasado de los platos saliese perfecto. Me sentía superorgulloso de poder conseguir la sonrisa del consumidor con mi trabajo.

—Pues eso es, precisamente, lo que podrás conseguir si aprendes a liderar de esta forma. ¿Crees que merece la pena el esfuerzo?

—Seguro que sí, porque yo ahora estoy supercomprometido y lo daría todo por esta empresa y por ti.

—Gracias, Talento.

—Bueno, bueno, cuántas cosas nuevas me estás enseñando. Tendremos que ir poco a poco porque esto no acabo de entenderlo muy bien, ja, ja, ja.

—Talento, es normal. Ya te dije que el camino del liderazgo no es fácil. Es duro, pero también te digo que es muy bonito. Desde mi punto de vista es el trabajo más bonito que existe. Si te parece, ahora que hemos comenzado a debatir algunas nociones de liderazgo, vamos a empezar por construir los cimientos, porque tú, cuando haces una casa, ¿por dónde la empiezas?

—Pues, lógicamente, por los cimientos. Tenemos que poner primero el suelo para que no se nos caiga el techo.

—¡Exactamente! Y en el liderazgo es lo mismo. Así que vamos a empezar a asentar tu suelo, cómo tienen que ser tus cimientos para poder liderar, y una vez que los tengamos bien firmes, podremos ir pensando en seguir construyendo la casa de tu liderazgo hacia arriba. ¿Estás de acuerdo, Talento?

—¡Estoy encantado! Estoy aprendiendo un montón, Brigitte.

BUENAS PRÁCTICAS

Liderando desde el compromiso

En el camino del liderazgo, lo primero que se debe aprender es la diferencia fundamental entre hacer el trabajo uno mismo, donde los resultados dependen de nuestra capacidad, y liderar un equipo, donde el éxito radica en lograr que cada miembro aporte lo mejor de sí y que todos trabajen de manera armoniosa por un objetivo común, la satisfacción y la sonrisa del consumidor. El trabajo más importante en la formación de un líder es enseñarle a construir un equipo de personas responsables y comprometidas. Para ello, la competencia clave de un líder no es otra que saber liderar personas.

Liderar no es un camino recto ni uniforme. Cada individuo lleva consigo su propia historia, experiencias y forma de actuar. Según la mochila que cada uno llevemos, actuaremos de una forma u otra. Por ello, cuando lideramos, nos encontramos con que cada persona elige su propio sendero. El líder debe conocer y respetar ese recorrido. No se trata de moldear seguidores a su imagen y semejanza, sino de algo mucho más complejo y, a la vez, más valioso: mostrar el destino y permitir que cada persona llegue a él por su propio camino e, incluso, que mejoren la ruta que en su día trazó el líder. Un buen líder tiene que ser capaz de comprometer y conseguir, a través del convencimiento, lo mejor para la compañía y para su equipo. Cuanto más tiempo invierta en generar compromiso, en explicar los motivos con su propio ejemplo, más sólido y autónomo será el equipo que forme.

Un gran líder no es aquel al que solo se le obedece, sino aquel que, con su liderazgo, es capaz de convencer y comprometer a los demás para que hagan lo que la organización necesita.

Este es el camino para construir una organización armónica y equilibrada, donde cada uno ejerza y asuma su responsabilidad sin necesidad de controles adicionales. Una organización eficiente, sin límites, basada en el respeto y en el compromiso, donde las personas puedan desarrollarse y crecer a la vez que la compañía.

15. El ejemplo como cimiento del líder

—Talento, desde mi punto de vista, los cimientos de un líder son la parte más importante. Y el principal cimiento que necesita un líder es ser un ejemplo para los demás. Verás que digo siempre «desde mi punto de vista». Esta expresión no es baladí, no la utilizo como cualquier cosa. La empleo conscientemente. En el camino del liderazgo también aprenderás que cada persona tiene su punto de vista. No hay una verdad absoluta. No hay mejor o peor líder. Hay distintos tipos de personas y distintos tipos de liderazgo y tú tienes que encontrar el tuyo propio.

»Yo te voy a enseñar todo lo que yo sé. Te voy a enseñar cómo tiene que ser un líder desde mi punto de vista. Pero, luego, todo eso tendrás que modelarlo y tendrás que hacerlo tuyo. Porque los líderes tenemos que ser auténticos y el liderazgo es una expresión de la libertad de cada uno.

»Tendrás que coger mis enseñanzas, interiorizarlas, hacerlas tuyas, y de ahí saldrá un nuevo líder de Personia que serás tú. Con tu propio carácter y un estilo único con el que te sientas cómodo y que te ayudará para que los demás también estén a gusto contigo y con tu liderazgo. También verás que cada persona suele tener un punto de vista diferente.

—Pero ¿cómo es posible? Las cosas son de una forma o de otra. No caben dos interpretaciones diferentes. O una cosa se hace bien o se hace mal. O algo está bien o está mal.

—Talento, estoy de acuerdo contigo en que las cosas son de una forma. Lo que pasa es que para cada persona son de una forma diferente. Como ya comentamos, cada tiene su mochila y esta nos hace ver las cosas de una forma diferente a los demás, aunque estemos viendo lo mismo. Cada uno hacemos nuestra propia interpretación y tenemos nuestra razón. ¿Has conocido alguna vez a una persona que no tenga la razón?

—Jolín, pues ahora que lo dices, sí es verdad que todos pensamos que tenemos razón.

—Cada uno tenemos nuestra propia razón y cada vez que surge un debate y que tenemos que tomar una decisión, solemos tener puntos de vista diferentes. Cada uno defendemos el nuestro porque todos pensamos que tenemos razón.

—Pero, Brigitte, ¿habrá una razón? ¿No habrá múltiples razones? Siempre habrá una persona que tenga razón.

—Bueno, posiblemente tengas razón, ja, ja, ja, pero el trabajo del líder es saber que todas las personas tienen puntos de vista diferentes. Y que estos se deben a las vivencias y experiencias que acumulamos cada uno. Un líder debe tener la mente abierta, lo suficiente para escuchar, enriquecerse con las opiniones y razones de los demás, y luego buscar el consenso desde el ejemplo y el convencimiento, para guiar al grupo hacia el camino correcto. Ese camino será el que mejores resultados dé a la organización y, Talento, normalmente, el camino que mejores resultados da a la organización es aquel con el que más a gusto se sienten las personas.

—En eso tienes toda la razón, porque yo desde que he entrado aquí me he sentido muy a gusto. Y estoy seguro de que he sido superproductivo y supereficiente. Y, sin embargo, si hubiese estado a disgusto, ahora tendría los brazos caídos o estaría deprimido o me hubiese ido.

—Seguro que hubiese sido así, Talento. La parte más importante de la productividad se encuentra en la motivación de las personas y es el líder el que tiene que ser capaz de tener a su equipo motivado y alineado con los intereses de la organización. Y, como te he dicho, los intereses de la organización son también los intereses de las personas. El líder tiene la misión de hacer coincidir los intereses de la organización con los de las personas. Cuanto más cerca esté la organización del interés de las personas, mejores resultados obtendremos.

»Mira, Talento, hace unos años asistí a una formación en la que nos explicaban la diferencia entre la cultura de la organización y la estrategia de la misma. La estrategia la definen los altos directivos y la cultura la construyen las personas que trabajan en esa organización. Resulta que, si la distancia entre la estrategia y la cultura es muy grande, la posibilidad de que una organización cumpla con los objetivos deseados es muy pequeña. Sin embargo, si se consigue reducir esa separación, y alinear la estrategia y la cultura, las posibilidades de éxito son mucho mayores. Creo que una buena definición de lo que es ser un líder es una persona que trabaja para conseguir allanar el camino entre estrategia y cultura.

—Lo tengo claro, Brigitte, pienso como tú. Yo creo que ese es el camino para conseguir el éxito de la empresa y la sonrisa del consumidor.

—¡Eso es, Talento! Verás cómo, si consigues la sonrisa de tu equipo, estarás muy cerca de conseguir la sonrisa del consumidor.

—¡Esa frase me encanta! O sea, que, si consigo que mi equipo esté contento, esté feliz, será más fácil conseguir la sonrisa del consumidor.

—Exactamente, Talento. Estamos hablando de que el eje de un líder tiene que ser el ejemplo. Debe ser una persona ejemplar, porque cuando eres un líder todos los demás te miran a ti. Si recuerdas cuando entraste en Personia, estoy seguro de que lo mirabas todo constantemente. Intentabas aprender de lo que yo hacía, intentabas imitarme y hacías lo mismo con Marta y con Juan.

—Pues sí, es verdad. Yo no os quitaba los ojos de encima e intentaba imitar todo lo que hacíais y me decíais. Pero, claro, Brigitte, es que vosotros sabéis hacer las cosas, y, si yo os imitaba, tenía claro que aprendería a hacer las cosas bien.

—Fíjate qué cosa más importante acabas de decir. Yo os imitaba porque de esta forma iba a aprender a hacer las cosas bien. Esta es la responsabilidad de un líder. Porque si resulta que Marta, Juan o yo no hubiésemos tenido una actitud ejemplar, no hubiésemos hecho las cosas bien, tú no habrías aprendido bien.

—Es verdad. Si vosotros me hubieses enseñado mal, yo no sabría hacer las cosas bien. Es más, las haría mal, tal y como me las hubieseis enseñado. Ostras, ¡qué responsabilidad más importante que tiene el líder!

—Así es, Talento. Es más, yo añadiría que, cuando enseñas, cuando alguien te está observando, debes hacer las cosas perfectas, mejor si cabe que cuando estás solo. Eso es lo que significa ser un ejemplo para los demás. Te voy a poner otro ejemplo. Cuando tú eras pequeño te fijabas en tus padres. Tus padres te enseñaban todo. Se esforzaban por hacer las cosas muy bien, mejor de lo que ellos lo hubiesen hecho en otro momento. Seguro que se esforzaban tanto que querían hacerlo todo perfecto, para que tú aprendieses bien, mucho mejor que como ellos lo hicieron cuando eran más jóvenes.

—Pues sí, Brigitte, la verdad es que mis padres se han esforzado muchísimo para educarme bien y que yo sea una buena persona.

—Eso es, Talento. Estoy segura de que tus padres están en el top 10 de los grandes líderes. De hecho, si preguntas a distintas personas a quiénes consideran los mejores líderes, los más ejemplares, normalmente la respuesta será: a mis padres. Porque fíjate que líderes tan buenos, tan importantes son nuestros padres, que nos han enseñado todo lo que saben, lo han dado todo por nosotros sin recibir nada a cambio. Lo único que esperan es que tú apliques esos conocimientos para que seas una buena persona.

—Es verdad, Brigitte, me lo han dado todo y me han dado la vida. Me han dado todo su esfuerzo, todo su amor, todo su cariño. Siempre intentando educarme para que yo sea una buena persona, responsable, trabajadora. Y jamás me han pedido nada a cambio.

—Eso es. Pues fíjate en la cantidad de cosas que sabes ya de cómo tiene que ser un líder. Cuando pienses en las cualidades que debe tener un líder, piensa en tus padres, en este esfuerzo que hicieron por ti, en la responsabilidad que tenían para formarte y hacerte una buena persona. En cómo la ejercieron. Ellos lo hicieron muy bien contigo. Fueron tu ejemplo. Y eso es lo que es ser un líder, un gran líder. Después de todo lo que hemos hablado, ¿qué piensas, Talento? ¿Es fácil ser un líder? ¿Es fácil igualar o mejorar lo que tus padres han hecho contigo?

—Pues no, Brigitte. Ya me conformaría con llegar a ser un 10 % de lo que mis padres han sido conmigo. Me parece una labor muy complicada, muy difícil. Ojalá algún día, si yo tengo hijos, pueda estar a la altura de mis padres y educarlos tal y como ellos lo han hecho conmigo. Me parece muy difícil y la verdad es que ellos lo han hecho muy muy bien. Es curioso, Brigitte, jamás había pensado en mis padres como líderes, y bien es cierto que lo son. ¡Vaya que lo son, y de los buenos!

—Es verdad, Talento, y eso tenlo siempre presente. Es importante que recuerdes este esfuerzo que han hecho tus padres y que intentes seguir este camino para ser un líder. Que te acompañen siempre estas elecciones internas que te dieron tus padres y las apliques en tu día a día, en tu liderazgo.

»Por otra parte, Talento, además de ser un ejemplo, desde mi punto de vista, un líder de Personia no puede ser una persona más. Tiene que ser una persona responsable. Responsable consigo mismo, responsable con el resto de las personas que trabajamos en Personia. Responsable con la empresa. Responsable, por supuesto, con los consumidores que consumen nuestros productos. Pero también una persona responsable con la sociedad.

»Nuestra empresa fabrica platos preparados para que nuestros consumidores tengan esa sonrisa tan bonita cuando los consumen. Y nuestra empresa está aquí gracias a que esta sociedad, donde tenemos la empresa, nos ha acogido. Nos ha acogido el municipio, nos han acogido los vecinos y también nos ha acogido la naturaleza, el suelo donde tenemos la fábrica, el agua, el río de nuestro municipio, gracias al cual podemos fabricar nuestros productos. Y todo esto es muy importante que lo tengas en cuenta. Nosotros, los líderes de Personia, de alguna forma estamos en deuda con la sociedad. Estamos en deuda con los vecinos del municipio, con la naturaleza, con nuestro rico entorno, con este maravilloso río. Y, por eso, de alguna forma tenemos que devolver a la sociedad todo aquello que nos está dando.

»Este es un concepto muy importante, Talento. Como dirían mis padres, y seguramente los tuyos, debemos valorar todo lo que tenemos. Y nuestra empresa está aquí, trabaja aquí, y consigue fabricar sus productos gracias a que hay una sociedad y un medioambiente que la ha acogido y le proporciona tanto personas que puedan trabajar en ella, como la naturaleza para poder fabricar los productos. Y nosotros, a través de nuestro liderazgo, tenemos que estar a la altura para cambiar bien por bien.

—Brigitte, pero ¿cómo y qué le voy a devolver yo algo al río, a los vecinos de nuestro municipio?

—Ja, ja, ja, ¡eres tremendo, Talento! Pues muy fácil. Siendo una persona que aporte algo positivo a cada paso que da. Todos tenemos que aportar algo a la sociedad en la que vivimos, y de la que nos beneficiamos. Y como líderes de Personia tenemos que ser personas que allá donde vayamos podamos aportar algo. Dejar nuestro granito de arena a cada paso. Podamos cuidar el medioambiente, podamos cuidar a nuestros compañeros, a nuestros vecinos. Podamos ser respetuosos con las personas y con el medioambiente.

—Eso me gusta. Me gustaría el tipo de persona a la que, allá donde vaya, todo el mundo vea como alguien que aportó algo positivo. Que no soy un lastre. Que puedo ayudar a ser mejores, a hacer una mejor sociedad, ayudar a que el río esté mejor, a que la gente esté mejor.

—Pues bien, Talento, estos son los cimientos para ser un líder. Vamos a trabajar para que tú seas una buena persona, un líder aporte algo positivo allá por donde vayas.

—¡Me encanta! Dime qué tengo que hacer y te seguiré al fin del mundo. ¡Quiero ser un líder! ¡Quiero ser ese tipo de líder!

—Muy bien, Talento, empecemos.

BUENAS PRÁCTICAS

Inspirar con el ejemplo

El principal cimiento de un líder es ser un ejemplo para los demás. A través de su conducta y valores, debe lograr un equipo motivado y alineado con los intereses de la organización. Comprometido de forma que los intereses de la organización sean también los intereses de las personas. Crear ese tipo de equipo es la mejor fórmula para incrementar la productividad y generar beneficios tanto para las personas como para la empresa.

Un líder no es una persona más. Debe ser alguien que aporte valor, cuyo balance con la sociedad en la que vive sea positivo. Una persona responsable consigo misma, con la empresa y las personas con las que trabaja, con el medioambiente que le da la vida y con la sociedad en su conjunto. Una persona que, cuando mire hacia atrás, pueda ver la huella que deja.

16. La creación de una persona segura, responsable y comprometida: un líder

Talento había quedado con Brigitte a primera hora para comenzar a construir a un nuevo gran líder.

—Talento, en el camino del liderazgo es importante dominar una serie de habilidades que te den confianza para que puedas transmitirle a tu equipo esa seguridad en sí mismos que deben tener para ser personas comprometidas y responsables.

»Desde mi punto de vista, la primera habilidad que debemos forjar es lo que yo denomino necesidades básicas. Al fin y al cabo, somos personas con unas necesidades muy primarias y la salud, sin duda, es la más básica de todas. Por lo tanto, una de las primeras cosas en las que podemos influir como líderes es en ayudar a nuestro equipo a permanecer vivos ante una emergencia. Por otro lado, también podemos ayudar a crear hábitos sanos como el deporte y la nutrición. Talento, nuestro espíritu es cuidar de los demás. Para ello, debemos aprender cómo se cuida el cuerpo y, desde el ejemplo, ayudarles a que ellos también se cuiden de sí mismos.

—¡Claro! Ya lo veo. Si yo consigo cuidar de las personas de mi equipo a nivel físico, tendré un equipo fuerte y equilibrado; y seguro que esto hace que todos nos sintamos mejor con nosotros mismos y con los demás.

—Así es, Talento. Y ¿qué pasa cuando las personas se sienten bien consigo mismas y con los demás?

—Que aportarán toda su energía en el proyecto y estaremos más cerca de conseguir la sonrisa del consumidor.

—Pues bien, Talento, lo primero que vamos a hacer es inscribirte en nuestra escuela de líderes de Personia.

—¡Qué bien suena eso! Te lo agradezco. Y ¿en qué consiste esto de la escuela de líderes?

—Ja, ja, ja, ¡eres genial, Talento!, me muero de la risa contigo. Nuestra escuela de líderes es eso, una escuela donde formamos líderes. Enseñamos a los nuevos líderes a cuidar de los demás. Primero, vas a aprender a cuidar de ti mismo, para luego, poder cuidar de las personas que dependan de ti y también de las personas que estén allá donde tú vayas. Luego, aprenderás a cuidar las instalaciones y a saber actuar cuando haya alguna emergencia.

»Comenzarás haciendo un curso de primeros auxilios, en el que aprenderás pautas básicas de prevención para que no te pase nada, para ser precavido, y eso también te dará herramientas para que aprendas a cuidar a las personas que estén a tu lado.

»Recuerda que tú has aprendido a hacer las cosas bien porque Marta, Juan y yo misma hemos sido ejemplos para ti. En el curso de primeros auxilios verás la importancia que tiene hacer las cosas bien desde el punto de vista de la seguridad para que a las personas de tu equipo y a ti no os pase nada y no tengáis ningún accidente. También aprenderás a atender a una persona que tenga un problema de salud y a hacer una primera intervención. Porque, Talento, cuando tienes personas a tu cargo, tú eres el que cuida de ellas y tienes que saber hacerlo, ¿no te parece?

—Es verdad, Brigitte, porque ahora mismo no tengo ni idea de qué tendría que hacer si a alguien le pasa algo y, si yo soy su responsable, tendré que ocuparme de que no les pase nada en caso de ocurrir, saber atenderles.

—Eso es, Talento. Tú eres su cuidador, su líder, su responsable, la persona que tiene que cuidar de ellos y, para eso, lo primero es cuidar de ti. Así que ¡venga!, vas a hacer el curso de primeros auxilios y una vez que lo hayas hecho continuaremos nuestra conversación con otro almuerzo. ¿Te parece bien?

—Muchísimas gracias por todo, Brigitte.

—Hasta luego, Talento, ¡buena mañana!

Talento acabó la jornada de trabajo y se fue raudo a su casa. Tenía muchas ganas de contarle a Josi todo lo que había aprendido y la conversación que había mantenido con Brigitte.

—Hey, ¿qué pasa, Talento? —dije.

—¿Qué tal, Josi? No veas lo bien que me ha ido con Brigitte. Esto de ser líder es una pasada. No tenía ni idea de todo lo que me ha contado.

—Venga, siéntate y vamos a comer mientras me lo cuentas todo.

—¿Sabes, Josi, que los mejores líderes que existen son nuestros padres?

—¿Nuestros padres? ¿Son líderes? —dije.

—Pues sí, los mejores líderes son nuestros padres. Brigitte tiene toda la razón. Fíjate, al final, ellos lo han dado todo por nosotros sin pedir nada a cambio. Han intentado hacerlo todo superbién. Han sido el ejemplo que seguir para nosotros. ¿No te parece que tus padres han sido un ejemplo para ti?

—La verdad es que ya me gustaría poder parecerme en algo a ellos —respondí.

—Pues, mira, esto es lo que llaman los cimientos del líder. El ser un ejemplo para los demás. Y nuestros padres son el mejor ejemplo para nosotros. Así que fíjate, los mejores líderes son nuestros padres.

—Es muy interesante lo que estás haciendo con Brigitte —medité.

—Sí, tío, la verdad es que estoy encantado. Ahora voy a hacer un curso de primeros auxilios porque tengo que saber cuidarme a mí mismo para luego poder cuidar a los demás. Brigitte dice que lo que voy a tener que hacer en la empresa como líder es cuidar a los demás. Que eso es justo lo que significa ser un líder. Cuidar a los demás.

—Pero ¿qué me estás contando? ¡Ser un líder significa mandar y que los demás hagan lo que tú digas! —rehusé—. ¡Pues sí que es difícil esto del liderazgo! Yo no valdría, ja, ja ja.

—Ja, ja, ja. ¡Ya te digo! Me ha dicho que, para empezar, voy a hacer un curso de primeros auxilios.

—Ya me contarás, porque está genial esto de que aprendas a cuidar de los demás. A ver si empiezas a aplicarlo conmigo. ¿Qué te parece si empiezas hoy haciéndome la comida? Ja, ja, ja. Y que esté bien rica, que tienes que cuidarme muy muy bien.

Estuve un buen rato riéndome a carcajadas de Talento, diciéndole que me tenía que cuidar y bromeando continuamente. Comimos juntos y pasamos un buen rato a cuenta del liderazgo.

Después de comer, Talento se despidió de Josi para dirigirse al curso.

—Josi, nos vemos luego. Hoy cambio el gimnasio por los primeros auxilios, je, je, je. Luego te cuento.

—¡Que vaya bien, Talento! Pásalo bien y aprende mucho.

Cuando llegó al curso, Talento se encontró con una agradable sorpresa. Brigitte y Juan también estaban en el curso.

—¿Qué hacéis por aquí? No me habíais dicho que veníais.

—Todos los años hacemos este curso para reforzar lo que hemos aprendido y no olvidarlo.

—Jolín, ¡pero si vosotros ya lo tenéis todo controlado!

—No te creas, Talento. Este tema es inherente a nuestra responsabilidad, por lo que es necesario actualizarse cada año. Si no, se olvida.

En el curso, Talento aprendió a reconocer las distintas partes del cuerpo humano, a diferenciar cuándo era necesario acudir a urgencias y cuándo se podía solucionar en el ambulatorio. También a realizar una primera intervención. Repasaron cortes, golpes, contusiones, quemaduras y golpes de calor. Y aprendió cómo se debía hacer un vendaje y muchas más cosas.

Ya estaba preparado para poder ayudar a otras personas y sentía que podía aportar su granito de arena a la sociedad, allá donde estuviese.

—¿Qué tal el curso, Talento? —le pregunté.

—Muy bien, Josi. Mira, ahora, si te quemas cocinando o si te das un golpe, sé qué tengo que hacer. Antes no tenía ni idea, pero ahora sí. Sé si es para ir a urgencias o no, y te puedo hacer un vendaje que nos servirá para llegar al ambulatorio, je, je, je. ¿Cómo lo ves?

—Pues me asusta un poco, a ver si ahora me va a pasar algo, je, je, je.

—Ahora puedes estar más tranquilo, Josi, porque ya sé qué hacer. Y, además, si alguna vez vamos por la calle y a alguien le pasa algo, yo también le podré ayudar.

—Eso sí que mola —respondí.

—Eso es lo que me dice Brigitte, que quiere que los líderes de Personia no sean personas sin más, sino que aporten su granito de arena a la sociedad, que devolvamos poco a poco la deuda que tenemos con la sociedad que nos acoge. Y ahora noto que puedo aportar un poco más que antes a la sociedad, porque si alguien necesita mi ayuda, se la puedo dar.

—Jolín, ¡me encanta lo que estás viviendo!

Talento se sentía reconfortado. La formación le había dado mucha confianza en sí mismo. Ahora sentía que podía aportar ese granito de arena, además de su trabajo con el que conseguía la sonrisa del consumidor. Ahora era un futuro líder de Personia, tanto en la empresa, en su casa, como en la sociedad, y podía ayudar al resto de las personas.

Talento, después de una semana trabajando por las mañanas y haciendo el curso de primeros auxilios por la tarde, estaba cansadísimo, agotado. Sin embargo, mantenía una sonrisa que desprendía la satisfacción consigo mismo.

La semana después del curso, Brigitte y Talento, compartieron otro almuerzo de trabajo.

—¿Qué tal, Talento? ¿Cómo estás? ¿Te gustó el curso de primeros auxilios?

—Pues sí, Brigitte, la verdad es que me encantó. A mí este tema de la sangre no me gusta mucho, pero la verdad es que aprendí un montón de cosas y ahora me veo capaz de ayudar a una persona que lo necesite.

—De eso se trata, de que poco a poco te formes y seas capaz de ayudar a las personas que estén a tu lado. Porque recuerda que la labor del líder es cuidar de las personas.

—Sí, sí, lo tengo claro. Además, ahora mismo, cuando estoy en la calle, voy mucho más atento por si a alguien le pasa algo y puedo ayudar.

—Talento, me encanta escucharte y estoy segura de que ya eres una persona más segura de ti mismo, pilar fundamental para ser un gran líder. Y ya que hablamos de pilares, vamos a seguir construyendo nuestros cimientos del liderazgo.

»Es muy importante formarse y actualizarse constantemente para poder cuidar a los demás. Así que el curso que acabas de hacer, tendrás que repetirlo todos los años, porque, si no, estas cosas se nos olvidan y tienes que estar preparado por si alguna vez una persona necesita que la cuides. Ser líder conlleva una serie de responsabilidades muy importantes y una de ellas es que te formes todos los años para que puedas cuidar a los demás.

»Para la semana que viene, te he inscrito en otro curso de nuestra escuela de líderes. En este vas a aprender cómo funciona el corazón y cuáles son los principales problemas que nos puede dar. Aprenderás a reanimar a una persona, a utilizar un desfibrilador y también a solucionar un atragantamiento.

»En nuestra empresa somos muchísimas personas y es posible que a alguna de ellas le pase algo. ¿Has visto alguna vez un partido de fútbol en el que atiendan a un jugador con un desfibrilador?

—Ah, pues sí, ahora que lo dices, me acuerdo de que en un mundial un futbolista cayó desplomado al suelo y salieron las asistencias. Sus compañeros montaron un círculo a su alrededor para que no se le viera y tuvieron que reanimarle usando un desfibrilador. ¡Vaya susto!

—Debes ser consciente de que cuando una persona se desploma, necesita atención inmediata. No da tiempo a que venga la ambulancia. Alguien tiene que atenderlo, porque si tardamos más de cuatro minutos y no respira durante ese tiempo, es posible que no se pueda recuperar nunca. Ya lo aprenderás en el curso, pero la asistencia inmediata es fundamental en Personia. Tenemos que estar preparados por si a alguna de nuestras personas le pasa algo, pero también, cuando acabes este curso, podrás continuar ayudando en la sociedad. Todos querríamos encontrar gente preparada para ayudarnos en cualquier lugar donde estemos y los líderes de Personia también nos ocupamos de eso. Tenemos la responsabilidad de aportar nuestro granito de arena a la sociedad, así que la semana que viene, tendrás otra semana intensa de formación por las tardes. Ya me contarás qué te parece.

—Muchísimas gracias, Brigitte, lo voy a aprovechar a tope.

En efecto, la siguiente semana se intensificó entre el trabajo por la mañana y la formación de las tardes. Como dijo Brigitte, aprendió no solo la importancia de atender a una persona cuando pierde el conocimiento, a utilizar un desfibrilador, la posición lateral de seguridad, cómo realizar un mensaje cardiorrespiratorio y cómo solucionar un atragantamiento.

El viernes por la tarde, Talento llegó a casa, derrotado de cansancio, pero muy vivo.

—¿Qué tal, Talento? —le pregunté.

—Pues estoy cansadísimo. Esto de trabajar por la mañana y formarme por la tarde me encanta, pero me cansa un montón.

—Entonces, ¿ya me sabes reanimar?

—Pues sí. La verdad es que ha sido un curso superpráctico. Ha venido una persona del 112 y nos ha contado toda su experiencia, la cantidad de situaciones que ha vivido atendiendo a personas y reanimándolas. Se te pone la piel de gallina, Josi. Tienes una responsabilidad muy importante cuando sabes que con tu actuación o no actuación puedes salvar la vida de una persona.

—Ya lo creo, Talento.

—No me gustaría verme en esa situación, pero la verdad es que ahora, por lo menos, tengo la preparación para saber qué hacer. No sé si sabría, pero yo creo que podría ayudar. Desde luego, podría ayudar mucho más que antes.

»Me han enseñado cuál es la posición lateral de seguridad, y muchas veces, cuando una persona se desploma, tienes que ponerla en esa posición, avisar al 112 y esperar a que vengan. También he aprendido a cómo hacer un masaje cardiorrespiratorio. La verdad es que no es nada sencillo y te cansas un montón. He tenido que estar ahí practicando de rodillas y me dolían un montón las muñecas, las rodillas, los brazos y todo el cuerpo. Ja, ja, ja.

»¡Jolín! Josi, en cuanto llevaba tres minutos haciendo el masaje, me quería morir. Pensaba, pero ¿cuándo se van a acabar estos 3 minutos? Se me hacían eternos. ¡No veas cómo me he puesto a sudar! Pero al final he conseguido hacerlo y creo que sabría reanimar a una persona o, por lo menos, intentarlo.

»Y nos han enseñado también a manejar una máquina que se llama desfibrilador. Es muy sencillo porque la máquina te va diciendo los pasos que tienes que seguir. Y creo que debería ser una cosa que nos enseñasen en los colegios, en el instituto y en la universidad. Sin embargo, a mí no me han enseñado esto nunca y tengo la suerte de que aquí en la empresa he podido aprenderlo.

—Pues estoy de acuerdo contigo, Talento. A mí también me encantaría aprenderlo. Sabemos que esto le puede pasar a cualquiera, en cualquier lugar, y cuantas más personas estén formadas, más vidas se salvarán.

—Nos ha contado el formador que la mayoría de las veces que una persona sufre un paro cardíaco repentino, si en menos de cuatro minutos es reanimado con un desfibrilador no solo se recupera, sino que no suelen tener ninguna secuela. Sin embargo, si esa misma persona no tiene a nadie a su lado con la formación adecuada para realizar la reanimación, puede incluso perder la vida.

—¡Jolín! Talento, me voy a apuntar para hacer un curso de desfibriladores.

—Pues sí, Josi, harías muy bien.

Llegó el miércoles. Brigitte y Talento habían quedado para almorzar y seguir compartiendo lecciones de liderazgo.

—Buenos días, Talento, ¿qué tal llevas la semana?

—Muy bien, Brigitte. Estoy encantado con mi trabajo. Ya sabes que los compañeros son majísimos y me encanta conseguir la sonrisa del consumidor. Además, te puede parecer una tontada, pero desde que estoy haciendo estos cursos de liderazgo me siento mejor conmigo mismo. Me siento más seguro, me siento mejor persona sabiendo que ahora puedo ayudar.

—A mí también me encanta oír esto, Talento. Esa es la finalidad de la formación que estamos realizando. Lo que acabas de decir, que te sientes mejor y que te sientes más seguro, es una de las claves para ser un líder. Son los cimientos de los que hemos hablado. Ahora debemos que conseguir que sean muy sólidos.

»Mira, Talento, cuando las personas aprendemos algo, a través de las repeticiones somos capaces de dominarlo. Esto nos da más seguridad en nosotros mismos. Y, entonces, se produce algo increíble en nuestro cerebro que se llama motivación. Cuando dominamos una habilidad, nos sentimos bien practicándola y queremos seguir desarrollándola. Nos gusta, nos gustamos. Nos sentimos seguros, tenemos confianza para desarrollarla delante de otras personas, precisamente, porque la dominamos. Estamos orgullosos de saber hacerla y no nos importa mostrárselo a los demás. Esto nos hace sentir más útiles y más fuertes.

»Talento, esta es una de las dos herramientas que tenemos los líderes para motivar a nuestras personas; formarlos hasta que dominen su puesto de trabajo y responsabilizarlos del mismo cuando estén preparados.

—Ahora entiendo mejor lo que estamos haciendo. Estoy aprendiendo las habilidades que necesitaré en mi puesto de trabajo como líder para que lo domine, gane seguridad, me guste y esté motivado cuando lo desarrolle.

—Así es, Talento.

El objetivo que buscamos con la formación que estamos haciendo es darte seguridad, herramientas, y habilidades, que hagan que tú estés más contento contigo mismo, más seguro de lo que sabes hacer. Esto va a potenciar tu autoestima y tu motivación y será clave en tu camino de ayudar a los demás a conseguir los objetivos de tu sección.

BUENAS PRÁCTICAS

Una persona segura, responsable y comprometida: un líder

Los primeros pasos para construir un líder comienzan enseñándole a cuidar de los demás. Pero, antes de eso, debe aprender a cuidarse a sí mismo. Solo así podrá velar por las personas que dependen de él y por aquellas en su entorno. De igual manera, deberá desarrollar la capacidad de cuidar las instalaciones y saber cómo actuar ante una emergencia.

El ejemplo es la herramienta principal para transmitir la cultura del liderazgo.

Debemos construir líderes sólidos que no sean una persona más dentro de la organización, sino que aporten su valor y su granito de arena a su empresa, a sus equipos, a la sociedad. Que den el primer paso cuando se necesite. Personas cuyo balance personal esté siempre en positivo con la sociedad.

Después debemos dotarlos de seguridad en sí mismos. A partir de ahí, hay que inculcarles la necesidad de formarse continuamente, tanto para disponer de las mejores y más actualizadas técnicas y herramientas, como para desarrollar una mentalidad abierta y flexible.

Dominar una habilidad genera confianza para transmitir seguridad en ti mismo y, desde ahí, poder comprometer a los demás y construir una cultura de personas responsables.

El líder debe formarse en las necesidades básicas del cuidado físico de los equipos. Debe saber actuar ante una emergencia sanitaria, poder cuidar de su equipo desde el conocimiento de los primeros auxilios, la reanimación cardiopulmonar y el uso responsable de desfibriladores. Debe formarse también en protección contra incendios tanto para conseguir evacuar a sus equipos como para cuidar de las instalaciones. Esto le dará seguridad, catapultará su imagen y ejemplo dentro del equipo, y además cubrirá una de las necesidades básicas de una empresa: la resolución de situaciones de emergencia.

Es importante que conozca también los beneficios que el deporte y una buena nutrición tienen en la autoestima, bienestar y desarrollo de las personas. Un líder tiene que ser una persona equilibrada que domine el círculo responsabilidad, deporte, nutrición.

A través del dominio de una habilidad se consigue también potenciar la motivación. Es una herramienta clave para conseguir la satisfacción del personal y su compromiso.

17. Liderar desde la emoción

—Y ahora, Talento, vamos a entrar en un terreno complicado. Quizás el más complicado; las personas y nuestra mente. Hasta ahora hemos construido los cimientos hablando de temas sanitarios. Ya sabes cómo atender a las personas de tu equipo en un momento de necesidad sanitaria. Pero el cerebro es la mejor herramienta que tenemos las personas. Recuerda que es lo que nos diferencia del resto de los animales.

»Talento, el cuidado mental cada día tiene más trascendencia. Cada vez estoy más convencida de que tenemos que incidir en el cuidado mental de nuestras personas, es el terreno en el que más desprotegidas están.

»¿Sabes, Talento?, en el Paleolítico no era tan importante. Cazábamos, comíamos, nos reproducíamos y huíamos de nuestros depredadores. Digamos que hacíamos todo aquello que le venía bien a la evolución de nuestra especie. Nos movíamos en grupos pequeños de personas donde era fácil cuidarse unos a otros.

»Pero conforme evolucionamos, hemos aprendido que, además de la evolución, estamos nosotros mismos; seres humanos que queremos y buscamos nuestra felicidad. Como diría mi amigo Emiliano, a la evolución de nuestra especie, que seamos felices o no, le da igual. Lo que busca es que cuantos más *Homo sapiens* seamos, mejor. Que cacemos y nos reproduzcamos.

»Esto provoca una contradicción entre lo que es bueno para nuestra especie y lo que es bueno para nosotros. Y el resultado es que, si no la cuidamos, la mente hace crac.

»Talento, vivimos en el mundo de la inmediatez, de las pantallas, de las grandes masas de personas. Un mundo donde el individuo, la persona, se diluye. Un mundo quizás imaginario, como decía Platón, donde el yo tiene verdaderos problemas para encontrar su sitio, el cuidado y la felicidad. De ahí que debamos formarnos para aprender a cuidar la mente, para cuidarla mucho.

—Y ¿cómo vamos a cuidarla si está dentro de nuestra cabeza? —dijo Talento—. ¿No podemos darle un masaje cardiaco? Ja, ja, ja.

—Tienes razón, Talento. No es nada fácil de cuidar, pero es muy importante que lo hagamos, y más aquellas personas que tenemos responsabilidad sobre otras. Mira, en el próximo curso que vas a hacer te voy a llevar con mi amigo Fernando. Es una persona que conoce muy bien cómo funciona nuestro cerebro, que sabe cómo tenemos que cuidarnos para que estemos siempre a tope, que ha experimentado en sus propias carnes la inmensidad y la fuerza de nuestro cerebro. Porque en la vida, Talento, nos pasan un montón de cosas y en el trabajo también. Y si no nos cuidamos, podemos acabar enfermos.

»Uno de los problemas más habituales que tienen muchos líderes, es la ansiedad. Tienes la responsabilidad de dirigir a un equipo, de conseguir unos objetivos, y nos toca tirar y tirar del carro. Creemos que podemos con todo. Y si en paralelo no cuidamos nuestra salud mental, podemos caer en el abismo. Por eso es importante que conozcas cuáles son tus límites, quién eres, cuáles son tus problemas, cómo puedes afrontarlos. Esto también va a hacer que tengas más autoestima. Como ya sabes, cuantas más habilidades domines, más fuerte te vas a sentir y mejor vas a liderar.

—Pero, Brigitte, una cosa. A mí este tema de la meditación, del yoga, no me va mucho. Yo la verdad es que no me veo haciendo esas cosas. Eso es para gente floja. Yo me considero mucho más fuerte y creo que no lo necesito.

—¡Qué bueno que me digas esto, Talento! Una de las cosas que yo he aprendido todos estos años que llevo liderando, es que lo que la sociedad piensa que son las partes blandas del cuerpo, en realidad, son las partes más fuertes y, por supuesto, las más complicadas de aprender y dominar.

»Cuando la gente dice que eres flojo o blando por hablar desde el corazón, desde los sentimientos, por gestionar las emociones, creo que se equivocan. Desde luego es mucho más fácil ordenar, mandar y gritar. Pero, ya sabes que, en ocasiones, el camino más corto no es el que mejores resultados da.

»Sin embargo, si eres capaz de dominar tus emociones, saber cómo funciona tu cerebro, conocer tus límites, escuchar, saber expresarte, compartir, sentir..., en ese momento, estarás muy cerca de conseguir motivar y comprometer a las personas de tu equipo con tu proyecto.

»El verdadero compromiso de las personas solo se logra a través de las emociones. Y eso es duro y complicado. Talento, los líderes modernos gestionan emociones. Eso es lo que se llama inteligencia emocional. Los líderes de Personia debemos gestionar las emociones de nuestros equipos. Tenemos el deber de comprometerlos con Personia.

»Y en verdad, Talento, una persona tiene que ser fuerte hoy en día para asistir a clases de meditación o a clases de yoga. El problema es que, hasta ahora, socialmente estaba mal visto cuidarse a uno mismo y cuando alguien hacía terapia o meditación, la gente pensaba que estaba pirado, que estaba loco.

»Yo creo que la seguridad en nosotros mismos es vital para poder liderar a otras personas. Y para conseguir esta fuerza interior es muy importante estar bien con uno mismo, conocernos muy bien, ser capaces de conectar con nuestro interior.

»Debemos saber lo que nos pasa dentro, darle su espacio y gestionarlo. Por eso, Talento, en mi opinión, todo líder debe mimar su cerebro y convertirse en un auténtico experto en las técnicas de cuidado mental como el *mindfulness*, la terapia, la meditación y otras. Y por eso te aconsejo que asistas a la formación que te propongo. Verás cómo te cambia la vida. No te arrepentirás.

—Brigitte, con esta explicación no me puedo negar a probar, je, je, je. Vamos a ver cómo es esto de la meditación y cómo consigo conectar con mi yo interior.

—Estupendo, Talento. Fernando ya te explicará que el *mindfulness* no es meditación. Es mucho más que eso. Ahora que hemos puesto el foco en adentrarnos en este mundo de entendernos a nosotros mismos, verás cómo acabas siendo una persona más segura de sí misma, con una autoestima muy alta, y con estas herramientas podrás ayudar más a los demás. Y ¿sabes, Talento?, si conseguimos todas estas cosas, conseguiremos sacarte tu mejor sonrisa. ¿Sabes?, si tú llevas puesta tu sonrisa de verdad, provocarás la sonrisa de los demás.

—O sea, que con todas estas cosas que voy a aprender, voy a conocerme mejor. Esto hará que esté más seguro de mí mismo y, a su vez, que esté más feliz. Y esa felicidad resplandecerá, de alguna forma que no acabo de entender bien, y contagiará a los demás para que ellos también lleven la sonrisa puesta.

—No lo podías haber resumido mejor, Talento. Así es cómo funcionamos las personas y esta es la gran fuerza que tiene nuestro cerebro que, sin ninguna acción, tan solo trabajando en nuestro interior, cambiamos sin darnos cuenta y provocamos el cambio en los demás. ¿Sabes que los bebés sonríen de forma espontánea nada más nacer?

—Pues no tenía ni idea. ¿Y eso qué tiene que ver con el liderazgo?

—Pues mucho. Verás, es un tema supervivencia. Fíjate si es importante la sonrisa, este gesto tan bonito que tenemos, que los bebés cuando sonríen lo que le están diciendo a sus padres es que los necesitan. Y, claro, ¿qué padres se resisten a la sonrisa de su hijo?

—Jolín, se me están poniendo los pelos de punta. La verdad es que no lo sabía. Nunca lo había pensado.

»Ahora entiendo mucho mejor lo de la sonrisa del consumidor. Si para un bebé lo más importante cuando nace es sonreír, transmitirnos que nos necesita y que quiere que estemos a su lado para que pueda seguir viviendo, pues fíjate lo importante que es en nuestras vidas poder conseguir la sonrisa de las personas que tenemos a nuestro lado.

—Talento, estás avanzando mucho en tus conocimientos sobre liderazgo. Cuando una persona sonríe significa que está feliz y dispuesta a darlo todo. Este instinto tan primario de supervivencia es también una de las claves del liderazgo. Cuanto más sonreímos a nuestro entorno, más fácil es conseguir que estén contentos, satisfechos y seguros de sí mismos. Y cuando una persona está feliz, está en plena disposición para darlo todo. Y, por lo tanto, estaremos más cerca de conseguir los objetivos.

»Esto no significa que tengas que ir con la sonrisa puesta por todos los lados. Significa que si tu interior desprende una sonrisa, se contagia en el ambiente y provocas optimismo, seguridad, confianza y, por lo tanto, creas un buen clima. Y eso se traduce en que las personas trabajan más a gusto y estarán dispuestas a darlo todo por ese ambiente.

—Lo comparto al cien por cien, Brigitte. Así lo he vivido yo desde que llegué a Personia y cuando tienes este ambiente de trabajo, te apetece venir a trabajar y darlo todo.

—También es importante que sepas que las personas somos emociones. Hace unos años, cuando hacíamos selección de personal, se usaban test de inteligencia. Seguramente a ti te habrán hecho alguno en el colegio o en el instituto.

—¿Algún test de inteligencia? Sí, es verdad. Yo no salía muy bien parado, je, je, je.

—Bueno, Talento, seguro que no es para tanto. Pero antes a las personas se nos medía casi exclusivamente por nuestra inteligencia. Por nuestra habilidad para razonar y hacer cálculos. Y eso está muy bien, es una habilidad importante, pero cuando hablamos de liderazgo lo más importante es la inteligencia emocional. Las personas somos emociones y muchas veces no somos racionales, porque nuestra mochila no lo es, nuestro corazón tampoco y nuestros instintos mucho menos.

—Pero, Brigitte, ¿qué es eso de inteligencia emocional?

—Pues mira, Talento, las personas estamos hechas de emociones. A veces estamos alegres, a veces tristes, otras estamos en calma, otras enfadados. A veces también enamorados.

»Fuera de nuestro círculo de seguridad no nos gusta hablar de las emociones que tenemos. Y en los trabajos menos. Pensamos que son cosas de flojos o que nos distraen de lo que tenemos que hacer.

»Sin embargo, la gestión de las emociones es una de las cuestiones más importantes que un líder debe conocer y dominar. Es parte del camino para conseguir el compromiso. Es necesario que te formes en emociones para ser capaz de entender y llegar a cada una de las personas de tu equipo.

»Por ejemplo, cuando una persona está enfadada habrás observado que es muy complicado, prácticamente imposible, siquiera que te escuche. Tampoco es fácil que te entienda cuando tiene miedo o está triste.

»El líder tiene que saber reconocer cuál es la emoción predominante en cada momento. Cuál es el estado de ánimo de las personas de su equipo para encontrar el mejor momento para dirigirse a ellas. De otra forma, estará perdiendo el tiempo, y, sobre todo, no estará atendiendo a su equipo, lo que lo separará de ellas y, por lo tanto, lo alejará de los objetivos.

—Pues tienes toda la razón, porque cuando estoy enfadado y me viene Josi con alguna cuestión, la verdad es que no le escucho. Y, claro, él se acaba cabreando también porque no entiende nada. Sin embargo, cuando ha pasado, un rato me calmo y soy otra persona. Ese sería el mejor momento para que Josi hablase conmigo. Igual que antes no le había hecho ni caso y hasta le había contestado mal, ahora estoy más predispuesto a escucharle y es más fácil que nos entendamos.

—Esa es la clave, Talento. Reflexiona lo que acabas de decir. Si dedicas tus esfuerzos a convencer a una persona de algo importante cuando está enfadada, no tendrá predisposición para escucharte. Es posible que estés perdiendo el tiempo e incluso que generes un conflicto inútil. Sin embargo, si eres capaz de reconocer la situación emocional, puedes elegir otro momento para tener esa conversación y que tenga éxito. Dicho de otro modo, puedes ser muy inteligente, pero si no desarrollas la suficiente inteligencia emocional como para ver estas cosas, es posible que no consigas el compromiso de las personas de tu equipo y te acabes alejando de ellas. Las relaciones hay que cuidarlas. Si no las cuidamos se enrarecen. Y como líderes debemos estar cerca de las personas, reconocer sus emociones y gestionarlas.

—Brigitte, ¡qué importante que es esto de la inteligencia emocional!

—¡Muy bien, Talento! Pues en este curso de *mindfulness* vas a reflexionar sobre cómo te sientes, cómo es tu cerebro, qué le está pasando. Vas a empezar a encontrar espacios para conectar con él, para comunicarte con él o simplemente para que descanse. Como ya sabrás, las enfermedades mentales son cada vez más frecuentes. Y son muy peligrosas porque si no controlamos nuestro propio cerebro no podemos hacer nada. A mí me pasó, Talento.

—¡No me digas!

—Sí. Un buen día me desmayé sin saber muy bien por qué. Jamás hubiese imaginado que me podía pasar a mí. Pero me pasó. Y desde ese día tuve continuos ataques de pánico que me llevaron tres veces a urgencias, a continuas visitas médicas, hasta que al final me diagnosticaron que era un problema de salud mental.

—Ostras, Brigitte, no sabía nada. Y ¿cómo saliste de esta situación?

—Pues con mucho miedo, te diría. Lo primero es que todavía no estoy segura de haber salido del todo. Este es un proceso que te acompaña mucho mucho tiempo.

»Un buen amigo mío, Fernando, el que te va a impartir *mindfulness*, me vio en una de sus formaciones y enseguida me dio una «tarjetita» como él les llama. Me recomendó hacer terapia y todavía sigo con ella.

»Puedo decirte que me ha cambiado la vida o, más bien, que he experimentado un cambio interior que me ha enseñado a afrontar las cosas desde otro punto de vista. Las personas que me rodean lo han notado y ha provocado también un cambio en su relación conmigo. Y, por arte de magia, sin hacer *nada*, todo ha cambiado.

—¡Me dejas muerto, Brigitte! ¡Vaya experiencia! Y vaya fuerza que tiene nuestro cerebro. Parece increíble que sea capaz de dejarte cao. Y ¿ahora cómo te encuentras?

—Bueno, ahora estoy mucho mejor. Puedo hacer vida normal, pero sé que tengo que seguir cuidándome para no volver a hacer crac. Soportamos muchas cosas en nuestro cerebro. Mi terapeuta, Eva, dice que soy una equilibrista y cuando estás haciendo equilibrios con cinco o seis objetos, es fácil que se caiga uno y a continuación todos los demás.

»Por eso es importante tomarse un momento para saber qué clase de equilibrios estás haciendo y cómo te sientes. Aprendes también a tomar decisiones que te ayudan a mantener los objetos en equilibrio.

Porque, ¿sabes Talento?, muchas veces es verdad que mantenemos varios objetos en equilibrio. Y eso no lo podemos cambiar. Tenemos que aprender a vivir siendo malabaristas.

—Lo entiendo, Brigitte. Y ¿cuándo dices que empiezo la formación de *mindfulness*? Porque estoy empezando a notar unas cosquillas en el estómago que no me gustan nada.

—Ja, ja, ja. Pues cuanto antes. Vamos a tratar de que te conozcas a ti mismo, que conozcas bien tus emociones, que llores y rías cuando lo necesites. Vamos a intentar reforzar tu personalidad para que disfrutes cuando estés superfeliz. Pero, también, para que sepas llorar cuando estés triste.

—¡Pues sí que voy a tener que aprender! Yo, cuando estoy triste, intento que nadie me vea. Es así como nos han educado.

—En este sentido, no nos han educado muy bien. Cuando una persona llora, cuando está triste, está expresando una emoción natural, igual que la alegría. Lo que deberíamos hacer es escucharla, dejar que lo comparta con nosotros. Es una forma de que se libere y se le pase la tristeza.

»No puede ser que cuando alguien esté triste no pueda compartirlo y se tenga que ir a la habitación de al lado, sola, en silencio, sin que nadie la vea, sin que nadie la escuche.

»En este aprendizaje interior, que vamos a hacer, entenderás que no pasa nada por llorar, que es una parte de tu personalidad. Si eres una persona capaz de entender tus emociones, también serás capaz de entender las de tu equipo. Podrás darles espacio cuando lo necesiten, podrás entenderlos mejor, ser más empático e, incluso, podrás ayudarles a que controlen también sus emociones.

—Brigitte, todo este mundo de las emociones que me estás contando, es un descubrimiento para mí. No tenía ni idea. Me encanta lo que me cuentas y creo que tengo mucho por aprender al respecto. Estoy encantado de poder aprenderlo y te prometo que jamás volveré a decir que el mundo emocional es un mundo de flojos. Estoy de acuerdo contigo en que, si somos capaces de aprender a controlar y gestionar las emociones, vamos a conectar mucho mejor con nuestros equipos.

—Sí, Talento, porque, además, cuando hablas de controlar las emociones lo dices muy bien. Hace tiempo asistí a un curso en el que nos enseñaron que el cerebro está dividido en dos hemisferios; el izquierdo y el derecho. Resultó que el hemisferio izquierdo es el que sostiene nuestra parte racional. El otro hemisferio, el derecho, actúa por instinto. Conecta con el humano primitivo que tenemos dentro.

»Y te tengo que confesar que a mí esa vuelta a lo primitivo me encanta. Ya sabes que todos nosotros venimos de África. Allí nació el *Homo sapiens*. Y es de allí de donde nos vienen nuestros instintos.

»Cuando empezamos a explorar el mundo para poder alimentarnos, teníamos un instinto básico: atacar o huir. Lógicamente, necesitábamos tenerlo porque las amenazas eran constantes y para sobrevivir tocaba atacar o huir cuando nos sentíamos en peligro.

»Esto explica muchos de los comportamientos que conservamos y también el porqué de la necesidad de aprender a controlar y gestionar las emociones.

»Y también nos sirve para saber que todos somos personas. Que todos provenimos del mismo sitio, y que, por lo tanto, por mucho que nos empeñemos, todos somos iguales.

»Viene bien tener este punto de vista para conectar con las personas. Para liderarlas. Tenemos que saber que todas las personas, en el fondo, somos muy parecidas. Da igual de dónde sea la persona, de qué género, de qué ideología, todos somos iguales.

»Imagínate si ahora mismo estuviésemos tú y yo en la selva rodeados de leones, tigres y demás animales simpáticos, pero con unos dientes enormes. ¿Qué haríamos?

—Yo correr todo lo que pueda, je, je, je.

—Y yo. Y el resto de las personas seguro que como nosotros..., porque somos iguales.

»De hecho, Talento, cuando nos sentimos amenazados activamos este instinto primitivo y, sin darnos cuenta, el hemisferio derecho toma por nosotros la decisión: atacar o huir.

»Pero ahora ya no estamos rodeados de leones, sino de personas, y esta decisión, como todas las que tomamos en la vida, como todas las que toma un líder, tiene consecuencias. Consecuencias para las personas.

Si decidimos huir, no afrontaremos el problema y, por lo tanto, no se resolverá. Y no solo eso, sino que, al tratarse de cuestiones entre personas, se enquistará.

»Talento, nosotros como líderes de Personia, estamos aquí para resolver los problemas, no para que se enquisten. Por lo que huir, para un líder, no es el camino. Nos tocará enfrentarnos al problema y ver la mejor manera de resolverlo.

»He visto muchas situaciones en las que, por no afrontar el problema, las personas se dejan de hablar. También he podido observar personas que no hacen más que huir de sus jefes-no líderes y personas que han perdido toda su autoestima huyendo.

»La otra opción que nos queda es atacar. Como ya sabes, la opción de atacar no cabe en nuestro estilo de liderazgo. Sin embargo, un buen líder debe saber defender su posición con empatía.

»En todo caso, lo que nos toca hacer como líderes es controlar este instinto primitivo, retenerlo y solucionar todas las situaciones que se nos den desde la inteligencia emocional.

—¡Qué curioso, Brigitte, qué interesantes estas cosas!

—Primero debemos aprender a reconocer nuestras emociones. Cuándo sentimos una amenaza, cuándo el cerebro nos pide huir, cuándo atacar. Esto solo se adquiere a base de práctica y experiencia, pero es verdad que podemos llegar a ser capaces de controlar nuestras emociones.

»De esta forma, cuando nos venga esta parte de mono que llevamos dentro, seremos capaces de controlarlo y activar el hemisferio izquierdo. Entonces, podremos decidir calmarnos, razonar y finalmente actuar.

»Talento, permíteme que te cuente una experiencia que tuve hace unos años y que tiene mucho que ver con el instinto básico de huir y con el liderazgo.

»Tenía un amigo que se llamaba Jacob. Además de amigo era colega de trabajo, pero en otra empresa, y colaborábamos para que nuestras empresas pudiesen tener cada día los mejores servicios, los mejores resultados. Era un tipo excepcional. Trabajador infatigable, constante, responsable y, además, un buen tipo. Teníamos confianza mutua por lo que continuamente nos llamábamos y nos ayudábamos.

»Un buen día Jacob me llamó. Le noté un tono muy distinto al habitual. Me parecía apagado. El caso es que Jacob me llamó para que le ayudase con un asunto. Enseguida vi que lo que me estaba pidiendo excedía mis competencias e, incluso, rebasaba los límites de una relación cordial. Yo estaba dispuesta a ayudarlo, pero siempre desde el respeto a mi empresa y a la suya. Nunca me iba a permitir hacer algo contrario a esos intereses.

»Llegado un momento de la conversación, decidí cortarle y le dije: «Jacob, no puedo hacer lo que me pides. Te puedo ayudar en lo que necesites, pero no puedo invertir mi tiempo en otra cosa que no sean los intereses de mi empresa», y le pedí explicaciones.

»Entonces Jacob me contó, atemorizado, que hacía unos meses que había cambiado de jefe. Su jefe anterior le dejaba hacer, confiaba en él y esto le hacía estar a tope. Sin embargo, el nuevo jefe era distinto. Se metía en todo, no le dejaba dar ni un paso sin su aprobación y se estaba volviendo loco con la situación. Sentía mucho lo que me había pedido, pero estaba muy presionado por su jefe y era él quien le había pedido que me dijese eso.

»Finalizamos la conversación en buen tono y quedamos en volver a hablar. A continuación, me escribió un wasap disculpándose por lo que me había pedido y dándome las gracias por formar parte del grupo de trabajo en el que colaborábamos los dos.

»Talento, mi amigo Jacob estaba aterrorizado. El liderazgo de su jefe le había consumido su autoestima y ahora caminaba sin confianza alguna, sin norte y cometía error tras error. Una persona comprometida y responsable se había convertido en un cadáver. ¿Cómo un líder es capaz de desperdiciar y echar por tierra todo ese talento?

»Y es que, con este tipo de liderazgos autoritarios, lo que generamos es miedo en las personas a quienes lideramos. Porque en nuestro cerebro la confianza y el miedo están en el mismo espacio. Y cuando desaparece la confianza, aparece el miedo. Y el miedo nos puede hacer huir. Y cuando huimos, somos almas errantes. Almas vacías de autoestima que nos conduce al abismo del «yo no valgo para nada», «yo no soy capaz de hacerlo».

»Talento, esto no podemos permitírnoslo nunca. Nosotros estamos aquí para generar riqueza y alegría. Por favor, tómate este trabajo como merece.

Talento se quedó boquiabierto. Las palabras de Brigitte le habían conmovido y estaba a punto de llorar.

—Brigitte, no te preocupes, yo no seré este tipo de líder. Yo cuidaré a mis personas.

—Gracias, Talento. Volviendo a lo que estábamos hablando, en las próximas semanas vas a participar en una serie de formaciones con mi amigo Fernando. Vas a hacer cosas que quizás jamás harías, pero te aseguro que no volverás a ser la misma persona.

—¡Qué fuerte, Brigitte! Esta formación me va a cambiar la vida.

—No sé si tanto, Talento, ja, ja, ja, pero seguramente consigas introducir una serie de rutinas diarias, técnicas de inteligencia emocional que Fernando te descubrirá, que te van a ayudar a ser mucho más consciente de todo lo que te pasa a ti y lo que sucede a tu alrededor. Conseguirás estar más centrado, más atento, más enfocado. Y esto te aseguro que te cambia la vida.

Talento seguía con atención las enseñanzas de Brigitte. Poco a poco, casi sin darse cuenta, construía los cimientos de su liderazgo. El aprendizaje del cuidado físico y mental de las personas le hacía estar más seguro de sí mismo, conocerse mejor, y empezaba a sentirse capacitado para ser un líder.

Talento dedicó las siguientes semanas a formarse en inteligencia emocional con Fernando. Cada día era un nuevo aprendizaje. Comenzó a entender cada una de las emociones practicándolas. Fernando lo expuso a ejercicios donde pudo llorar, reír, sentir miedo, rabia, amor... Empezó a comprender que cada uno escoge cómo sentirse o, mejor dicho, cómo afrontar cada emoción. También que las personas somos emociones y que debemos gestionarlas bien si queremos liderar personas.

Aprendió a cerrar los ojos para profundizar en los mensajes que nos manda nuestro cerebro. A ponerles nombre e identificarlos con emociones. A descubrir en qué parte del cuerpo se mostraban esas emociones. Comenzó a practicar técnicas para calmarlas y curar el daño interior que nos habían hecho. Practicó cómo poner la mente en blanco, sin pensamientos, para dejarle descansar.

Sin darse cuenta, Talento se estaba transformando en otra persona. Una persona más consciente de sí misma. De sus miedos, de sus penas, de sus alegrías. Y, sobre todo, un nuevo líder capaz de controlar sus emociones. De distinguir las de las personas con las que interactuaba. Un líder capaz de gestionar sus emociones y las de los demás.

Ahora Talento era una persona capaz de observar y de escuchar más y mejor. Podía concentrarse en lo que estaba pasando. Dominaba su cerebro y podía poner sus cinco sentidos en lo que necesitaba en cada momento.

—Brigitte, sabes que antes, cuando salía a correr, no era capaz de fijarme en nada. Tan solo corría. Daba igual por dónde pasase, con quién me cruzase. Yo estaba a lo mío, a correr y nada más. Pero desde que hice el curso de *mindfulness*, he descubierto que hay un paisaje maravilloso al lado de mi casa. Ahora veo la evolución de los árboles, de los cultivos. Siento cómo me golpea el aire en el cuerpo. El otro día vi unas ardillas y un conejo. Pensaba que no había animales en el parque de al lado de mi casa.

—Qué bueno, Talento. Eso es porque practicas el «contemplaseo» que te enseñó Fernando, ¿verdad?

—Sí, sí. Así es.

—Y, sin darte cuenta, cuando haces este ejercicio, lo que consigues es entrenar a tu cerebro para que te haga caso. Para enfocarte en cada momento en lo que necesites. Y ¿te sientes ahora un poco más feliz que antes?

—Pues sí, Brigitte. Ahora soy consciente de lo que hago en todo momento. Sé lo que estoy haciendo y lo disfruto. Y eso me hace estar a tope con lo que quiero y sí, soy más feliz. Por ejemplo, ahora, cuando estoy con Josi, estoy solo con él. Antes estaba con él, pero sin estar. Ya me entiendes... Y Josi lo ha percibido, ja, ja, ja. Mira, el otro día estábamos juntos en casa y tuvimos una conversación muy interesante:

»—Talento, quería decirte que últimamente te veo muchísimo mejor. Estás bastante más tranquilo, más calmado. Estás tan zen que hasta en ocasiones me das asco, ja, ja, ja.

»Yo me partía de risa.

»—Josi, ¿sabes lo que pasa? Llevo varias semanas haciendo cursos sobre inteligencia emocional. Aceptándome, conectando con mi interior y es verdad que me encuentro ahora muchísimo mejor. Superzen, como tú dices. Ja, ja, ja. Me siento feliz. Me estoy dando espacio a mí mismo, a mi cerebro, a mis emociones, a mis sentimientos. Ya no veo las cosas como antes. Ahora, cuando percibo una emoción, la escucho. Porque, al igual que antes, sigo enfadándome, estando triste, alegre, pero he aprendido a escuchar mis emociones y a dejar que actúen. A cerrar los ojos y darles tiempo para que se expresen, escucharlas y atenderlas. Y ¿sabes lo que pasa, Josi? Que cuando eres capaz de atender a tus emociones, tus decisiones empiezan a ser mejores. Tú cambias y tu entorno, sin hacer nada más, cambia también. Sin darte cuenta, todo parece ir mejor. Después de las clases de *mindfulness*, Fernando me recomendó que hiciese terapia y me puso en contacto con Eva. Una excelente profesional.

»—Pues sí que te vio mal Fernando, ja, ja, ja. ¡Ese sí que es un buen profesional! Te caló enseguida. Estoy totalmente de acuerdo con él.

»—Como dice Fernando, «te voy a dar una tarjetilla». Eso es lo que nos dice en las formaciones a los que nos ve que tenemos taras. Que, por otra parte, ya he descubierto que todos las tenemos. Pues, como te decía, con Eva, la terapeuta, estoy haciendo terapia todas las semanas. Es un momento muy enriquecedor porque te sometes a tu espejo. Poco a poco repasas tus vivencias, tus preocupaciones, tu pasado, profundizas en tu vida para conocerte mejor. ¿Sabes, Josi? Cuando empecé con Eva y, todavía ahora, yo siempre empezaba la sesión diciéndole: «Eva, me encuentro muy bien, estoy muy bien». Al principio, Eva no me decía nada y comenzaba a hacerme indagar dentro de mí para que saliese la realidad de mi estado. Ahora, cuando le digo que estoy bien, se ríe a carcajadas y me dice: «Muy bien, eso ya lo sé. Estás bien como siempre. Ahora vamos a ver qué te pasa». Y lo increíble es que a través de esta terapia he descubierto un Talento que yo no conocía.

»—Pero ¿cómo puede ser eso? ¿Cómo que has descubierto algo de ti que no conocías?

»—Pues sí, Josi. A mí también me parece increíble. Pero en mi personalidad, que es tirar siempre para adelante, poder con todo, se escondían partes que yo no conocía. Ahora me conozco mejor. Ahora sé que tengo miedos, que estoy triste, que no puedo con todo. Que tengo carencias. Que siempre intento no molestar y estar en todos los lados al mismo tiempo, pero que eso no es posible. Y lo más importante: ahora sé que no pasa nada por sentirme así y que tengo que darle espacio también a esas emociones. No solo soy el que tira para adelante y puedo con todo. También soy el que está triste y no puede más.

»—¡Qué bueno, esto que me estás contando, Talento! ¡Enhorabuena por sentirte así y haber hecho este cambio!

»—Y al comprenderme mejor a mí mismo, he empezado a aceptar las situaciones que antes escondía y a enfrentarme a ellas.

»—Ahora lo entiendo todo, Talento. Por eso, ahora tú y yo estamos mejor. Ya no me dices a todo que sí, y lo haces desde el convencimiento, porque sabes que no haces nada malo por decir que no, sabes que es lo que tú necesitas en ese momento, y eso te hace estar mejor a ti y hace que yo también esté mejor contigo. Que te comprenda más.

»—Algo así será, Josi. Es un terreno muy complicado, pero, como ves, es mágico. Al explorar a través de la terapia qué te pasó de pequeño, qué sentiste, qué te marcó, cómo te has ido formando, cómo has ido construyéndote como persona, eso te ayuda a entender por qué reaccionas hoy de una o de otra forma. Y, al entenderlo, puedes decidir cómo actuar y mejorar aquellas cosas que no te gustan de ti.

»—Y también, Talento, con todas estas formaciones y la terapia, siento que ahora, cuando estamos juntos, estás aquí con los cinco sentidos. Estás más predispuesto a escucharme, estás más presente. Y eso hace que me sienta importante. Y, además, sin quererlo, yo también he cambiado. El verte a ti de otra forma ha provocado un cambio en mi forma de actuar. Y nuestra relación ha mejorado. Es más, Talento, creo que ahora estás preparado para darme a mí siempre la razón. Porque la tengo. Y eso sí que mejoraría nuestra relación. Ja, ja, ja.

»—Ja, ja, ja. Eso ni lo sueñes. Que estoy aprendiendo a decir que no.

—Me ha encantado esta conversación que has tenido con Josi, Talento. Resume muy bien todo lo que estamos trabajando —dijo Brigitte—. Y, volviendo al mundo del liderazgo, estos cambios que estás experimentando en tu personalidad, en la forma de afrontar las cosas, van a hacer que seas mucho más eficiente en tu trabajo.

»Por un lado, si eres capaz de dominar tu cerebro y dirigirlo en cada momento hacia donde necesites, conseguirás enfocarte en los objetivos y los alcanzarás de una forma más eficiente.

»También lograrás que las personas de tu equipo te vean más coherente, más centrado, y esto les ayudará a centrarse a ellos también y, por lo tanto, multiplicarás su eficiencia.

»Les transmitirás tranquilidad, calma y paciencia, que, aunque hoy en día no están muy de moda, no debemos olvidar que la paciencia es la madre de la ciencia. Y es que, Talento, la sopa que hacía mi abuela a fuego lento era mucho mejor que la que puedo hacer hoy yo. A todo lo que hacemos hay que dedicarle el tiempo necesario. El que se merece. Y hay que hacerlo con calma y paciencia, si queremos hacerlo bien. El estrés y las prisas son buenos consejeros para tener que repetir los trabajos. Para la ineficiencia.

»Por otro lado, al conocerte mejor a ti mismo, al conocer tus puntos fuertes y tus debilidades, puedes trazar un plan para seguir mejorando. Y este plan te llevará a defenderte más a ti mismo. A defender tu posición ante los demás. Esto en el mundo del liderazgo es imprescindible. Tenemos que ser empáticos. Hay que entender y respetar el punto de vista de las otras personas, pero también debemos defender y respetar el nuestro.

»El autoconocimiento te ayudará a hacerlo. Sabrás que necesitas decir que no a lo que no puedas a hacer, a lo que no vayas a hacer, a lo que no quieras hacer. Y, que por decir que no, no estás haciendo nada malo. Simplemente te estás respetando a ti mismo. Y también fomentas un ambiente de trabajo de corresponsabilidad.

»El líder tiene que ser responsable y debe también hacer responsables a los demás. No sirven los líderes que lo hacen todo, que acaparan todo el trabajo. Las organizaciones necesitan líderes que generen personas responsables. Este es el verdadero modelo de éxito: una organización donde cada persona haga su trabajo con responsabilidad, donde todos piensen en conseguir la sonrisa del cliente.

Conforme pasaban las semanas, Talento parecía otra persona. Las formaciones y las charlas con Brigitte le estaban transformando, ahora se sentía más seguro de sí mismo, tenía más conocimientos, dominaba ya muchas herramientas para poder tratar con las personas.

Todo este trabajo lo fortalecía. Cada día que pasaba, se sentía más seguro y era capaz de entender mejor a las personas que le rodeaban. Parecía mentira, pero aquellas habilidades blandas que Talento consideraba para flojos estaban cambiando su forma de ser. Estaba naciendo un nuevo líder.

—Bueno, Talento, cuéntame tu experiencia en estas últimas semanas desde que empezaste con los cursos de inteligencia emocional —le dijo Brigitte.

—Si te digo la verdad, me siento otra persona. No sé qué es lo que me ha pasado, pero he cambiado. Ya no soy el mismo. Me parece increíble, pero es así como me siento. Brigitte, te agradezco muchísimo que me hayas orientado y convencido para hacer los cursos.

—Sí, tú no querías, decías que esto de la meditación no era para ti. ¿Recuerdas?

—Ja, ja, ja. Así es, Brigitte. Lo veía muy negro, la verdad.

»Pero ahora siento que todo va bien. He conseguido darle un espacio a las cosas que me suceden, a mis sentimientos. He aprendido a disfrutar de ellos y me siento fenomenal. Y creo que esto está ayudando a que las personas que están a mi lado me vean también de otra forma. También algo está cambiando en estas relaciones y para bien.

—¡Qué bien, Talento!

BUENAS PRÁCTICAS

Inteligencia emocional

Los objetivos que buscan la evolución de nuestra especie, *Homo sapiens*, y los nuestros como individuos no coinciden. La primera lucha por la continuidad del *Homo sapiens*. La segunda por nuestra felicidad.

El líder debe conocer esta dicotomía y los problemas que para el bienestar mental de las personas suponen. Debe formarse en su cuidado como base para conseguir el máximo rendimiento.

Sobre todo, debe ser un experto en emociones. Liderar desde la inteligencia emocional es la clave para conseguir compromiso e implicación. Debe formarse en ella para comprender y conectar con cada miembro de su equipo. Es esencial que sepa identificar las emociones predominantes en cada momento, que entienda el estado de ánimo de su equipo para elegir el mejor instante para dirigirse a ellos. De lo contrario, perderá tiempo y, lo que es más importante, perderá la conexión con su equipo, lo que lo alejará de sus objetivos. El líder lo es para generar riqueza y alegría.

En resumen, las cualidades que un líder debe poseer son:

- La capacidad de dominar su cerebro y dirigirlo en cada momento hacia donde necesite, enfocarse en los objetivos para alcanzarlos de una forma más eficiente.
- Proyectar coherencia y estabilidad, ya que su actitud influirá directamente en la concentración y eficiencia de su equipo. Liderar transmitiendo tranquilidad, calma y paciencia es fundamental. Todo requiere su tiempo, y hacerlo con prisa y estrés solo conduce a errores e ineficiencia.
- Empatía. Sabe comprender y respetar el punto de vista de los demás, pero también defiende con firmeza y respeto el suyo propio. Asimismo, debe saber decir «no». Negarse cuando es necesario no solo implica respeto hacia sí mismo, sino que también promueve un ambiente de trabajo basado en la corresponsabilidad.
- La sonrisa es una de las herramientas más potentes del liderazgo. Es como el sol; cuando sale, todo resplandece. El líder debe trabajar en su propia sonrisa y la de su equipo como fuente de motivación y confianza. No se trata solo de una sonrisa física, sino de una actitud positiva que se contagie en el ambiente y genere optimismo, seguridad y confianza en su equipo. Un entorno laboral

agradable motiva a las personas a dar lo mejor de sí mismas y a trabajar por un objetivo común.

- La cercanía con su equipo. Somos seres sociales a los que el contacto nos genera bienestar, felicidad, confianza y compromiso. Cuanto más próximo esté el líder de cada persona, más posibilidades tendrá de conseguir los resultados.

18. Liderar desde la actitud

Brigitte continuaba con el aprendizaje de Talento para transformarlo en un gran líder. Tocaba ahora hablar de actitud y de motivación.

Sabía que eran dos componentes esenciales en el futuro liderazgo de Talento y debía ser capaz de transmitirle los conceptos adecuadamente.

La actitud es algo inherente a la persona. Una elección personal que nos hace situarnos en un lado o en el otro y que puede decidir el futuro de cada persona. El líder debe tener la capacidad de influir en su equipo para ayudar a tomar sus propias decisiones. Debe transmitirles la importancia de estas y, también, que de su actitud dependen los resultados que consigan. Debe generar un clima de confianza para que surjan las actitudes de cada uno y para que, si es posible, ayuden a crecer a cada persona y al equipo. Las decisiones que se toman desde la autoestima, desde la seguridad en uno mismo y en los demás, desde la sonrisa, suelen llevar a las personas a alcanzar sus mayores metas y su grado más alto de satisfacción personal.

—La verdad es que, como dices, estos cursos son muy útiles y son clave para convertirse en un gran líder. Pero la actitud también es fundamental. De hecho, Talento, la actitud es la cualidad más importante que puede demostrar una persona.

»Tú, por ejemplo, desde el primer día que llegaste a Personia mostraste una actitud inmejorable. Siempre atento, siempre con ganas de aprender y hacer las cosas bien. Siempre siguiendo nuestro ejemplo. Y cuando te propuse comenzar el camino para convertirte en un futuro líder, no lo dudaste ni un momento. Decidiste tirarte a la piscina sin saber muy bien lo que te depararía este nuevo camino, te esforzaste trabajando por las mañanas y formándote por las tardes, y, además, fuiste siempre con la mente limpia, en blanco, para poder llenarla de todas las ideas que ibas aprendiendo. Sin esta actitud tuya, no habríamos tenido el mismo resultado.

»Esto me recuerda una bonita historia que me contó otro de mis grandes maestros, una fábula china conocida como La taza de té vacía:

> Había una vez un chico muy joven que estaba entusiasmado con el té. Le encantaba el mundo del té y se obsesionó con saberlo todo sobre él. Así que estudió todo lo que encontró y hasta consiguió un día una cita con el mayor experto del mundo en la materia.
>
> »Resultó que este experto era el Dalai Lama. Así que, un buen día, cogió sus maletas y se fue al Tíbet para tener esta reunión con su ídolo y aprender todo sobre el té.
>
> »Una vez allí, el Dalai Lama lo recibió y le invitó a compartir una velada tomando té. Entonces, el joven comenzó a contarle su interés en el té y todo lo que había estudiado al respecto. Hablaba y hablaba hasta que el Dalai comenzó a verter el té en su taza, y siguió vertiéndolo, mientras nuestro joven amigo seguía hablando. De repente, el té rebosó la taza, derramándose sobre el pantalón del joven.
>
> »Nuestro joven chico estaba estupefacto y lo miró con cara de sorpresa sugiriéndole una respuesta. Entonces el Dalai Lama le dijo:
>
> »—Has venido a verme para aprender lo que yo sé sobre el té. Querido amigo, si tu taza de té está llena, cuando yo vierto el té en la misma, rebosa, se sale y te mancha. De esta forma, ni una sola gota de mi té se queda dentro de tu taza. Sin embargo, si tú hubieses venido con tu taza vacía, podrías haberla llenado con mis conocimientos.

»Talento, nuestro joven amigo aprendió ese día que, para aprender algo, lo primero que hay que hacer es dejar espacio en nuestro cerebro para que los nuevos conocimientos puedan entrar y quedarse.

»Y continuando con la actitud, que ya hemos dicho que es fundamental, un concepto que transcurre en paralelo a la misma es la motivación.

»Desde mi punto de vista, hay dos tipos de motivaciones que debemos conocer: la motivación intrínseca y la extrínseca. La intrínseca es lo que cada uno trae consigo desde su historia personal, experiencias y vivencias. Nuestra mochila. La extrínseca depende del entorno, de lo que la persona se encuentra cuando llega a la empresa. Aquí es donde nosotros tenemos que hacer un gran trabajo.

»¿Sabes, Talento?, cada persona nace en una determinada familia, en un determinado contexto. Va viviendo y sumando experiencias desde que nace. Tú, por ejemplo, tendrás recuerdos de tu infancia, con tus padres, con tu familia. Buenos, malos o regulares. Luego fuiste al colegio y allí tuviste otras vivencias. También buenas, malas o regulares, dependiendo de cada persona.

»Cada uno de nosotros, a lo largo de nuestra vida, subsistimos, superándonos a nosotros mismos, tirando adelante con nuestros problemas. Y cada día que pasa, nuestra mochila es más grande. Buena, mala o regular, en función de nuestras experiencias y también de nuestra propia forma de ser. Pero todos cargamos con nuestra mochila.

»Y esta mochila forja nuestra personalidad. Y, Talento, debes saber que cuando una persona viene a Personia, viene con su mochila. Es importante que lo tengas en cuenta y que entiendas que cada persona viene con sus cargas en la espalda, con sus cicatrices.

—Ya, Brigitte, pero ¿y qué hacemos nosotros con eso?, ¿qué puedo hacer yo con esa mochila?

—Pues poco o nada, Talento. Por eso son motivaciones intrínsecas. Es decir, motivaciones internas de cada persona, en las cuales no podemos influir. Se han forjado con las experiencias vividas y con las decisiones que cada persona ha tomado. Y, cada uno de nosotros somos así por lo que hemos vivido. Y yo añadiría que por cómo hemos reaccionado a cada una de nuestras vivencias, como comentábamos de la actitud.

»Lo que puedes hacer es conocerlo y comprenderlo. Saber que cada persona tiene un pasado y que es como es por sí mismo. Y, sobre todo, que Personia es un lugar para que las personas sonrían, para que consigan la sonrisa del consumidor, con independencia de su pasado.

»Aunque, por otro lado, a lo largo de mi vida he podido comprobar que las personas, de serie, queremos hacer las cosas bien.

—Eso me sorprende, Brigitte. Yo siempre he oído que las personas somos malas por naturaleza y que si no nos controlan hacemos las cosas mal.

—También he escuchado esas afirmaciones. Mucho más a menudo de lo que a mí me gustaría, mi opinión es muy diferente y mi experiencia me lo ha demostrado.

»Hablando de la motivación intrínseca, te puedo asegurar que las personas queremos hacer las cosas bien. Luego, cuando nos juntamos con otras personas, entra en juego la motivación extrínseca, lo que influyen y se dejan influir unas personas en contacto con otras.

»De hecho, Talento, los estudios sobre la motivación de las personas y su comportamiento grupal, demuestran que, de cada diez personas, dos no solo están supermotivados para hacer bien las cosas, sino que están dispuestos a liderar el grupo, seis están motivados para hacer las cosas bien y se dejarán influir por el comportamiento general del grupo, y dos no estarán motivados ni comprometidos.

—O sea, Brigitte, que según lo que dices, si entran en Personia diez nuevas personas, el 20 % de ellas serán extraordinarias, un 60 % normales y un 20 % malas.

—Ja, ja, ja, no es exactamente así, pero quédate con que la mayoría de las personas que vienen a Personia lo quieren hacer muy bien.

»Por lo tanto, Talento, si partimos de esta afirmación, como líderes de Personia lo tenemos que aprovechar esa motivación intrínseca de las personas, esa energía positiva con la que vienen, para comprometerlos con el proyecto y que continúen queriendo hacer las cosas muy bien.

»Esto es lo que se llama motivación extrínseca. Fíjate, Talento. Hemos hablado de la regla 2-6-2. Y hemos dicho que seis de estas personas, el 60 %, quieren hacerlo bien, pero se dejarán influir por lo que haga el resto del grupo. También que dos de ellas lo harán fenomenal sin que nosotros tengamos que hacer nada. Es decir que, como punto de partida, tenemos al 80 % del grupo con una inercia positiva para ayudarnos a conseguir la sonrisa del consumidor.

»Ese es nuestro trabajo. El líder tiene que centrarse en que el 80 % del grupo siga la dirección correcta, la de las dos personas que están extraordinariamente predispuestas a darlo todo y a hacerlo bien. Esta es la labor más importante del líder. Y ¿sabes qué suele hacer la mayoría de los líderes?

—Pues estoy seguro de que pierden el tiempo con los dos malos. Estarán todo el día discutiendo con ellos para que hagan las cosas bien.

—Efectivamente, centran su atención en los malos. Y cuando el líder centra su atención en los malos, corre el riesgo de que el grupo bascule hacia ellos y no hacia los dos buenos.

—Claro, porque no les hace ni caso a los buenos. Siempre se ha dicho que si haces las cosas bien, te tratan como si fueses tonto y te caen los peores trabajos.

—Y eso que dices es muy humano. El que hace las cosas bien, el que no se queja, es más fácil dirigirse al que no da problemas para pedirle favores. Sabes que te va a ayudar sin conflictos. Sin embargo, el que no quiere, va a protestar y tu mente piensa instintivamente que te va a costar más convencerlo que pedírselo al que hace las cosas bien y sin quejarse. Y este tipo de liderazgos, poco a poco, va minando a los buenos trabajadores y les hace sentirse los tontos del pueblo.

—Evidente. Verán que se encargan de todo y que los que no quieren hacer las cosas bien están supercómodos. Nunca les toca a ellos.

—Así es, Talento. Si el líder quiere conseguir que se haga una cosa bien, lo que tiene que hacer es centrar la atención en la misma.

—¡Claro! Por eso, cuando Marta o Juan hacían algo bien, venías tú, nos reunías un momento y lo destacabas. ¡Qué bueno! Yo, después de esas reuniones, intentaba imitar lo que Marta o Juan habían hecho bien.

—Eso es. Yo centraba mi atención en las buenas acciones y con eso conseguía que todos las imitasen. Se trata de premiar y resaltar las buenas prácticas y no al revés. Si, por el contrario, mis reuniones hubiesen sido para destacar alguna cosa que se había hecho mal, es decir, hubiese centrado mi atención en lo malo, seguramente no hubiese conseguido dirigir al grupo hacia la imitación de las buenas prácticas.

—Pero, Brigitte, si hay alguna persona que no lo hace bien, algo tendremos que hacer, ¿no? ¿O lo dejamos que siga haciéndolo mal?

—Por supuesto que no. Cuando una persona hace algo mal hay que actuar. Pero como líderes de Personia tenemos que saber corregir esta mala práctica de forma que nunca vuelva a producirse y también que la persona que ha cometido el error siga comprometida con el proyecto y con nosotros. Esto es muy importante, Talento. De nada nos sirve echar una gran bronca, que, seguro que satisface nuestro ego, pero deja hundido y fuera del proyecto a una persona de nuestro equipo. Tenemos que abordar estas situaciones sabiendo que lo que está en juego no es solo una bronca. Lo que está en juego es el compromiso, con el proyecto y con nosotros mismos, de la persona que tenemos ante nosotros.

—Jolín, ¡pues sí que hay que tener cosas en cuenta! Y ¿cómo hacemos eso?

—Mira, Talento, desde mi punto de vista, cuando hay que corregir errores o malas prácticas, lo mejor es hacerlo de forma individual. En estas ocasiones, tienes que coger a la persona en privado y hablar con ella. Lo primero de todo, tienes que escucharle. Y hacerlo atentamente para conocer qué le ha llevado a hacer mal esa operación. Con tus preguntas, tienes que descubrir si tenía la suficiente formación para hacerlo bien, si tenía el tiempo necesario, si había alguna situación anómala que le haya llevado a hacerlo mal. Escúchalo con toda la atención y sabiendo que quiere hacerlo bien. Recuerda nuestras motivaciones intrínsecas. Una vez que hayas escuchado, tienes que conseguir que la propia persona establezca un plan de acción y se comprometa con él.

—Sí, claro. Como si fuese fácil. Y eso, ¿cómo lo consigo? Ja, ja, ja.

—Te parece difícil, ¿eh? Y de verdad lo es. Pues mira, Talento, la única forma es que sea la propia persona la que establezca su plan de acción y se comprometa a ejecutarlo.

»En esas ocasiones nos puede el nervio que llevamos dentro y enseguida tomamos la iniciativa diciendo lo que se ha hecho mal, lo que se debería haber hecho, estableciendo el plan que se debe ejecutar y la fecha en la que tiene que estar.

»Pues bien, esto no sirve para nada. Si lo que queremos es que esta persona cambie y a la vez siga comprometida, tenemos que dejarle a ella que haga el plan de acción y se comprometa por sí misma.

»Por ejemplo, Talento; imagina que has envasado mal uno de nuestros platos y te has olvidado de ponerle la etiqueta, que es el último paso del proceso de envasado. Te llamo a mi despacho, en privado y te digo:

»—Talento, ¿qué tal estás? —Desprendiendo una gran sonrisa, ya sabes—. Quería hablar contigo porque estoy viendo que en el proceso de envasado te estás olvidando de hacer el último paso. No estás poniendo la etiqueta. —Parte de su buena actitud y que quiere hacerlo bien. Y sé concreto. Di exactamente lo que no ha hecho bien—. Me puedes explicar ¿por qué lo estás haciendo así?

»Pregúntale sinceramente, para saber qué es lo que le ha llevado a hacerlo así—. Aquí te podrás las siguientes respuestas:

- Que no sabía hacerlo (será necesario formarle).
- Que no podía hacerlo (le faltaba algún material, no iba la máquina, etc. Tendrás que solucionar el problema).
- Que no tenía tiempo (tendrás que analizar la operación con él, y o bien darle tiempo para que adquiera más destreza, o bien modificar algún aspecto de esta).

»A partir de aquí, tendrás que animarlo a crear un plan de acción:

»—¿Qué propones para solucionarlo y que todos los platos tengan sus etiquetas a partir de ahora?

»Y él te contestará con la solución, déjale su tiempo y asegúrate que te da la solución. Y, por último, cierra el plan de acción:

»—Me parece perfecto lo que planteas. Entonces, vas a asegurarte de que cuando te pongas a hacer esta operación tienes las etiquetas en la mesa de apoyo. —Refuerzas y resumes su plan de acción—. ¿Cuándo crees que puedes empezar a hacerlo?

»Déjale que sea él quien ponga la fecha y adquiera el compromiso consigo mismo. Si la fecha no se ajusta a lo que necesitas, díselo y déjale que establezca otra. Y con esto, Talento, habrás conseguido tres cosas muy importantes:

- Solucionar para siempre el error que se estaba cometiendo.

- Conseguir que la persona siga comprometida con el proyecto.
- Aprender más sobre esa operación. Porque la persona que hace la operación es la que más sabe sobre la misma, la que sabe cómo solucionar los problemas y la que nos puede aportar las mejores soluciones.

—¡Toma ya! Esto sí que es una *masterclass*. Ja, ja, ja.
—Anda, Talento, vamos a tomarnos un café y seguimos hablando.

BUENAS PRÁCTICAS

Actitud y motivación

La actitud es una elección personal de cada uno. El líder debe generar un clima de trabajo basado en la autoestima, la seguridad en sí mismo, la confianza y la sonrisa, donde se anime a cada persona a tomar sus propias decisiones con y desde la responsabilidad.

Esto contribuye a la superación personal y es una fuente de satisfacción personal y motivación.

Las motivaciones pueden ser intrínsecas y extrínsecas. Las primeras son parte de cada persona y el líder debe saber que cada uno llega con una mochila diferente. Las extrínsecas influyen directamente en la motivación y en los resultados y debe ser su campo de trabajo.

Un líder debe partir de que la mayoría de las personas quieren y van a hacer bien su trabajo. A partir de ahí, debe centrar su atención en las personas que mejor trabajan y reforzar al grupo sus buenas prácticas.

El refuerzo positivo es la mejor herramienta para mantener al grupo alineado y conseguir los objetivos. Genera también buen clima, sonrisa, confianza, seguridad y responsabilidad.

19. Liderar desde la motivación

Después del merecido café, Brigitte continuó con sus enseñanzas sobre la motivación extrínseca.

—Mira, Talento, los líderes de Personia tenemos que saber cómo motivar a nuestros equipos. Y para ello debemos saber cuáles son las cosas que motivan a las personas. Según mi experiencia a lo largo de mi vida profesional, hay dos cosas que motivan a las personas en sus relaciones extrínsecas: dominar una actividad y compartir el éxito. Y la buena noticia es que nosotros en Personia podemos ocuparnos de que esto ocurra. Talento ¿recuerdas tus primeros días en Personia?

—Por supuesto.

—¿Y te recuerdas a qué dedicábamos tu tiempo esos días?

—Pues a aprender el proceso para conseguir la sonrisa del consumidor.

—Y seguro que también recuerdas lo que repetíamos constantemente. «Talento, no corras. Ahora es tiempo de aprender a hacer bien las cosas, siguiendo el estándar y con la calidad requerida».

—¡Erais superpesados! Ja, ja, ja. No me dejabais soltar el estándar nunca.

—¿Y sabes lo que conseguimos con nuestro método y nuestra insistencia?

—¡Está claro! Conseguí dominar cada parte del proceso productivo.

—Y, además, conseguimos que te sintieses seguro al hacerlo, que no tuvieses dudas. Conseguimos que dominases esa habilidad. Con esto te dimos un empujón en tu autoestima, te sentiste más seguro, poco a poco, y, finalmente, te sentías bien realizando tu trabajo.

—Así es.

—Este es el círculo que empieza cuando alguien entra en Personia y tiene que aprender el trabajo. Recuerda que vienen con sus mochilas y nosotros tenemos que integrarlo en nuestra empresa, con nuestros compañeros y hacerle sentir como en su casa. Cuando conseguimos que esta persona domine esa habilidad, el proceso productivo, hacemos que se sienta como en casa. Y en casa, normalmente, estamos muy bien.

—Sí, normalmente... ja, ja, ja.

—¡Qué malo eres, Talento! Y también podemos compartir los éxitos con nuestras personas. ¿Recuerdas nuestras reuniones de inicio y final de turno?

—Claro. De hecho, las seguimos haciendo. Siempre nos contabas los objetivos del día y nos decías los puntos importantes en los que debíamos prestar más atención. Y al finalizar el turno,recuerdo muy bien que siempre aplaudíamos y sacábamos la sonrisa del consumidor cuando nos resumías lo que habíamos conseguido.

—Exacto, Talento. Observa bien que, en esas reuniones de principio y final del turno, lo que estaba haciendo era compartir los éxitos con vosotros y buscar un momento de celebración. Esta es la forma de haceros partícipes de lo que ocurre día a día en la empresa, de involucraros, de que visualicéis lo que conseguís con vuestro trabajo y, también, de que os vayáis satisfechos por haberlo dado todo.

—Es verdad, Brigitte. ¿Sabes que mi compi, Josi, siempre se quedaba sorprendido cuando le decía que todos los días nos dabas las gracias por nuestro trabajo, nos felicitabas por lo que habíamos hecho y acabábamos todos riéndonos y aplaudiéndonos?

—Por desgracia, Talento, no es lo normal. Pero debería serlo y es lo que te animo a que hagas. Ya has visto que, dependiendo de cómo enfoques la comunicación, la formación y el desarrollo en el puesto de trabajo, los resultados serán unos u otros en función del compromiso y la motivación que consigas de cada persona. Talento, la motivación es crucial para obtener los mejores resultados. Me viene ahora a la memoria una historia sobre la motivación que mi amigo Fran, a quien aprecio mucho y con quien empecé a aprenderlo todo, me contó hace mucho tiempo. Trata sobre tres personas que realizaban un trabajo similar, pero con enfoques y motivaciones muy diferentes. Fran se acercó a la primera persona y le preguntó:

»—Oye, ¿me puedes explicar qué es lo que estás haciendo?

»La persona le respondió:

»—Mira, cojo este ladrillo, lo cubro con un poco de cemento y lo coloco aquí. Así paso toda la mañana. Es un poco tedioso, pero es el trabajo que tengo que hacer: poner un ladrillo encima de otro.

»Fran, al escuchar esto, se fue a hablar con una segunda persona que realizaba el mismo trabajo y le hizo la misma pregunta:

»—Hola, buenos días. ¿Me puedes decir qué es lo que estás haciendo?

»La segunda persona respondió:

»—Estoy construyendo una puerta. Cojo un ladrillo, lo cubro con cemento, y voy colocando uno tras otro hasta completar la puerta. Este es mi trabajo, construir una puerta.

»Por último, Fran se acercó a la tercera persona y le preguntó:

»—Hola, buenos días. ¿Me puedes explicar qué estás haciendo?

»La persona, con entusiasmo, respondió:

»—¡No te lo vas a creer! Estoy encantado, me han contratado para construir la catedral de mi ciudad. Imagina lo maravilloso que es contribuir a hacer algo tan grandioso. Cojo un ladrillo, lo cubro con cemento y lo coloco cuidadosamente, sabiendo que entre todos estamos construyendo la catedral. Es un trabajo precioso.

»Los tres estaban haciendo el mismo trabajo, pero la actitud y la motivación eran diferentes. El primero lo veía como una tarea tediosa, sin entender el propósito más grande. El segundo tenía un poco más de motivación, ya que al menos sabía que estaba construyendo una puerta. Pero el tercero estaba profundamente motivado, porque sabía que estaba contribuyendo a algo tan significativo como la catedral de su ciudad. ¿Crees que el grado de motivación de estas tres personas sería el mismo?

—Por supuesto que no. El que estaba construyendo la catedral estaba encantado con su labor.

—¿Quién crees que sería el más productivo de los tres?

—Sin duda, el que estaba comprometido con la construcción de la catedral, porque sentía que estaba dejando su huella en un proyecto importante.

—Esto, Talento, nos muestra lo crucial que es el papel de un líder. Un buen líder no solo establece tareas, sino que involucra a las personas en un proyecto, así logra la máxima motivación. En el ejemplo de Fran, vemos cómo un líder fue capaz de inspirar a una persona para que diera lo mejor de sí, mientras que otros líderes no lograron el mismo nivel de compromiso en sus trabajadores.

»La historia demuestra la importancia de involucrar a las personas en un proyecto y hacerles sentir que son parte de algo más grande. Es fundamental para lograr que den lo mejor de sí mismos y hagan una diferencia.

»En resumen, la historia ilustra cómo, si ponemos empeño en enseñar a las personas a hacer bien su trabajo y las involucramos en el proyecto, podemos lograr resultados excepcionales.

—Muchas gracias, Brigitte. Esta historia es un buen cimiento para seguir construyendo y continuar siendo un gran líder.

—Talento, ¿conoces a personas que lo dan todo, que ponen el corazón en ayudar a los demás, simplemente haciendo lo que saben, allá donde se necesite?

—Pues sí, de hecho, tengo varias personas en mi familia que han dedicado sus vidas a ayudar a los demás.

—Pues qué lujo, Talento. A todas esas personas les debemos la vida. Seguro que también has oído historias de médicos que se han ido a países en desarrollo para ayudar a cambio de nada. Dejan atrás su vida, sus comodidades, sus salarios, y se entregan por completo a ayudar a otras personas, trabajando sin descanso y sin esperar nada a cambio. ¿Cómo crees que alguien puede tomar una decisión así? Dejarlo todo para ir a un lugar donde no recibirá nada material, pero donde su trabajo será vital para los demás.

—Pues no lo sé, Brigitte. Yo no sé si sería capaz de hacerlo.

—Está claro que la motivación extrínseca juega un papel importante aquí. Estas personas encuentran la razón de su vida ayudando a los demás. Para ellos, la satisfacción y la felicidad están en brindar ayuda donde más se necesita, y por eso dedican parte de su vida a hacerlo, sin dudarlo.

»Este impulso, Talento, tiene raíces en nuestro instinto humano. Somos seres sociales, necesitamos relacionarnos, y ayudarnos unos a otros es fundamental para nuestra supervivencia. No debemos olvidar que los seres humanos estamos donde estamos, porque en algún momento decidimos agruparnos, trabajar en comunidad y cuidarnos mutuamente. Si no lo hubiéramos hecho, los animales más grandes y poderosos podrían haber acabado con nuestra especie.

»Otro ejemplo, Talento, es cómo las personas, cuando se enfrentan a situaciones extremas como una guerra o un campo de concentración, tienden a sacar lo mejor de sí mismas. Hay relatos de personas en campos de concentración que, a pesar de ser maltratadas, insultadas y privadas de comida, encontraban tiempo para ayudar a los demás. Quien sabía cantar, cantaba; quien sabía contar historias, las compartía. Todos aportaban algo para aliviar el sufrimiento de los otros.

»Esto nos lleva a la conclusión de que un líder debe comprender lo que es la motivación extrínseca y saber cómo trabajarla para mantener a su equipo motivado. Es crucial que el líder proporcione a su equipo todas las herramientas necesarias para que puedan utilizarlas y, de esta forma, estén comprometidos con su trabajo desde el primer día. Un buen líder piensa en su equipo, les enseña a hacer su trabajo de manera que se sientan curiosos y responsables, y se asegura de que desde el primer momento estén comprometidos con la empresa, los resultados y los clientes.

»Las personas que forman parte de tu equipo no están allí solo para hacer un trabajo y marcharse. Dedican una parte importante de su vida a ayudarte a alcanzar los objetivos. Son parte de tu proyecto y de tu corazón, y por eso es fundamental cuidarlas, valorarlas, y hacer que se sientan siempre parte del proyecto. Deben tener acceso a toda la información necesaria para entender qué están aportando.

»Talento, ¿te parece que hagamos ahora una pausa y reflexionemos sobre todo lo que te ha pasado en las últimas semanas?

—Pues claro, Brigitte. ¡Vamos a ello!

—En los últimos tiempos, Talento, has experimentado muchos cambios. Decidiste hablar conmigo para dar un paso adelante en tu carrera. Has aprendido a cuidar de tu equipo, a conocer la inteligencia emocional, a controlar tus emociones y a estar presente en cada momento. Has comprendido la importancia de conocerte a ti mismo, de cuidar tu cerebro, y de tomarte tiempo para descansar. También has descubierto la terapia y la fortaleza que se necesita para iniciar un proceso de crecimiento personal con un profesional. En este tiempo me atrevería a decir que has crecido más que en toda tu vida, ¿no crees?

—Sin duda. De hecho, el otro día estaba con Josi y comentábamos precisamente esta evolución:

»—Qué tal Talento, ¿cómo estás? —dijo Josi.

»—Estoy fenomenal, Josi. ¿Te acuerdas de cuando hace apenas dos meses me animaste a hablar con Brigitte para dar un paso profesional? —respondí.

»—Claro que me acuerdo. No sé si me arrepiento, porque desde entonces te has vuelto un auténtico taladro. Has cambiado tanto, sabes tanto de todo, y estás tan zen que te has vuelto un poco pesado —bromeó Josi.

»—Es verdad, Josi, puede que ahora sea un poco más tranquilo, pero reconocerás que soy otra persona. Creo que el cambio ha sido para mejor, ¿no?

»—Sin duda, has crecido un montón. Ahora se nota que confías más en ti mismo. El chico lleno de dudas y miedos que conocí ha tomado decisiones importantes y lo estás haciendo muy bien. Ahora que tienes la oportunidad de crecer como persona y como profesional, la estás aprovechando al máximo, y me alegra verte tan feliz. También nos has ayudado mucho a nosotros, porque ahora nuestras conversaciones son más profundas y siento que realmente me escuchas —respondió Josi, con sinceridad.

»—Gracias, Josi, tus palabras son muy bonitas. Yo también me siento muy a gusto conmigo mismo, tranquilo y sereno. Me alegra que me sientas cerca, porque este paso que estoy dando es muy difícil, pero al mismo tiempo es un camino muy bonito que me emociona.

»—Y ahora, ¿qué sigue? ¿Te van a ascender? ¿Serás el dueño de la empresa? —preguntó Josi, medio en broma.

»—Todavía es pronto para eso, Josi. Apenas estoy comenzando el camino. Veremos si soy capaz de aprender todo lo que me enseñan y, en los próximos años, espero que surjan oportunidades para desarrollarme como líder.

»—Seguro que sí, Talento. Y, ahora, ¿qué tienes en mente? —preguntó Josi.

»—Bueno, ahora mismo tengo un plan dentro de la escuela de líderes. Debo hacer una serie de formaciones anuales, repetiré la formación sobre desfibriladores cada año, por ahora estoy en un proceso de terapia semanal que, cuando la terapeuta lo considere, pasará a ser mensual. También tengo una reunión la próxima semana con Brigitte, tiene algo importante que contarme, pero no puedo decirte más por ahora.

»—Bueno, entonces, ¿qué te parece si nos vamos al gimnasio y después nos tomamos unas cañas? —sugirió Josi.

»—¡Eso sí que me apetece! Vamos.

BUENAS PRÁCTICAS

Cómo motivar a las personas

Es imprescindible enseñar a liderar desde la motivación. Mostrar que las personas necesitamos dominar una habilidad para estar seguros de nosotros mismos. Y que una vez adquirida esta destreza, el líder debe darle la responsabilidad de lo aprendido.

La base para conseguir la motivación extrínseca es enseñar a dominar una habilidad y ser parte de los éxitos de nuestra empresa o de nuestra sociedad. Nuestro líder tiene que ser capaz de conectar el trabajo de sus equipos con estas motivaciones extrínsecas. Tiene que enseñarles a hacer bien su trabajo, desde el ejemplo, y permitirles ser responsables de lo que hacen, conectando su motivación por ser parte de los éxitos con los objetivos de la empresa.

El líder tiene que ser responsable y, sobre todo, debe hacer responsables a los demás. No sirven los líderes que lo hacen todo, que acaparan todo el trabajo. Las organizaciones necesitan líderes que generen personas responsables. Este es el verdadero modelo de éxito: una organización donde cada persona haga su trabajo con responsabilidad, donde todos piensen en conseguir la sonrisa del cliente.

20. Nace un nuevo líder

Finalmente llegó el día de la reunión esperada por Talento.

Acudió a la sala del Compromiso, donde Brigitte esperaba con todo ya dispuesto.

—Buenos días, Talento. ¿Qué tal estás? Como sabes, hoy es un día muy importante para nuestro equipo. Hace unas semanas hice una propuesta a nuestra dirección y hoy, al fin, me la han aprobado. ¿Quieres saber en qué consiste?

—Sí, por favor.

—Pues bien, tú estás haciendo un gran trabajo. Tienes una involucración total con Personia y conmigo, y ha llegado el momento en el que puedes seguir creciendo y ayudes a otras personas a desarrollarse en nuestra empresa y a...

—... conseguir la sonrisa del consumidor.

—¡Exacto! Sabes que estábamos haciendo gestiones comerciales para conseguir nuevos clientes. Pues bien, estas gestiones han ido bien y hemos conseguido un nuevo gran cliente, lo que supone la apertura de una nueva línea de producción. Así que, a partir de ahora, te necesito como líder de esa línea. Serás el responsable de formar un buen equipo de personas y de comprometerlas con nuestro proyecto, para poder conseguir los objetivos que necesitamos en Personia. ¿Qué me dices?

—Pues... pues... pues que ¡geniaaaal! Que ¡no me lo puedo creeeeeer!

Y así fue como Talento se arriesgó, dejó todo atrás para encontrar su rumbo. Se esforzó y lo dio todo para conseguirlo. Fue capaz de escuchar con atención, seguir los consejos que le dieron y aprender de las buenas prácticas de sus compañeros. Demostró la ambición y proactividad suficientes para ganarse la confianza de sus compañeros y sus líderes. Se sacrificó para aprender el oficio de líder. Y, también, tuvo la suerte necesaria para encontrar un proyecto donde su talento era necesario.

Nuestro mundo está lleno de Talentos. Solo necesitamos un buen líder que los guíe y mentores que les enseñen las grandes habilidades que la naturaleza ha puesto a nuestro alcance: humildad, escucha, empatía, esfuerzo, ejemplo, ambición, confianza, responsabilidad y proactividad.

Cada uno de ellos debe encontrar su rumbo trazando su propio camino. Este será único en el mundo y será solo el resultado de sus decisiones.

21. Método Barraqué. Cómo desarrollar el talento haciendo personas responsables y comprometidas

A lo largo de este libro espero que hayas podido encontrar, de forma ficcionada, un estilo de liderazgo que sin duda te conducirá al éxito personal y organizacional.

La formación de una cultura de liderazgo responsable y comprometido no es baladí. Requiere la transformación de toda la organización. El cambio radical de la misma en pro de un objetivo: conseguir la sonrisa del cliente.

A través de la confianza y el ejemplo, comprometiendo a cada persona con el proyecto, formándoles, haciéndoles responsables y dejándoles crecer, conseguirás que cada persona viva su propio sueño dentro de tu empresa. Los harás felices dejándoles luchar por esa sonrisa y tú lo serás aún más.

Podrás dormir tranquilo por las noches, sin pensar en cuántos faltarán a trabajar mañana. Centrarás tus recursos en hacer personas comprometidas y responsables y dejarás de contratar policías y vigilantes. La seguridad, la calidad, la productividad y las mermas ya no serán cuestión de los jefes; todos lucharán por hacer las cosas bien a la primera.

A continuación, encontrarás el método Barraqué, una guía para su implantación paso a paso, que te ayudará a crear una organización orientada al compromiso y a la responsabilidad. Una organización que solo **dé beneficios y que**, además, os haga más feliz a ti y a tus equipos.

Método Barraqué

1. Nuestra visión: conseguir la sonrisa del cliente

Piensa en tu producto, en por qué te lo compra el cliente. Pon esto en valor y diseña tu empresa para conseguir este objetivo. Cambia tu organigrama si es necesario y configúralo para crear un equipo de líderes con talento que sea capaz de generar confianza a través del ejemplo, arrastrar y comprometerse con el proyecto, haciendo a cada persona parte importante del mismo, formar y traspasar la responsabilidad. Un equipo centrado en que las nuevas generaciones hagan las cosas un poco mejor que ellos para que el cliente siga sonriendo.

2. Producimos obras de arte

Trata a tus personas como artistas y explícales que forman parte de la sonrisa del cliente. A partir de hoy, conseguirla será su objetivo.

Enfoca a todos tus líderes para que su principal objetivo sea que cada persona de su equipo sienta que es parte fundamental en conseguir esa sonrisa.

3. Desarrollo de la autonomía y la responsabilidad de las personas

Escribe las funciones y responsabilidades de cada puesto de trabajo. Enseña a cada persona, desde el ejemplo, sus responsabilidades con el método enseñar-practicar-responsabilizar. Una vez que lo dominen, traspásales la responsabilidad del puesto. Dales autonomía.

Evalúa a cada persona en el cumplimiento de sus responsabilidades y en conseguir la sonrisa del cliente. Dales un *feedback* positivo y enséñales cómo se consigue la sonrisa del cliente una y otra vez hasta que lo consigan por sí mismos. Haz esto, al menos, una vez al año.

Déjales crecer y desarrollarse contigo y con tu proyecto. Si ellos crecen, tú creces.

4. Comparte la sonrisa del cliente

Haz un plan de comunicación para que todas las personas se sientan parte importante y fundamental de la sonrisa del cliente. Comunica en positivo y sonriendo.

Acógelos desde el primer momento. Saca tu mejor alfombra roja, la reservada para tu mejor invitado y extiéndela a todo trapo para cada una de tus personas.

Comunica en cada turno los objetivos del día y da las gracias al equipo por estar ahí. Comunica al finalizar cada turno los éxitos conseguidos y los puntos de mejora. Dales las gracias por ello y facilita el autoaplauso general.

Comunica a toda la organización los resultados y éxitos conseguidos. Haz una gran fiesta con tus personas y sus familias. Haz que sientan en todo momento que esta es su casa.

5. Crea líderes

Crea un clima de confianza, esfuerzo, compromiso y responsabilidad basado en conseguir la sonrisa del cliente. Rodéate de personas con estos valores, líderes, y no jefes. Asegúrate de que todas las personas en tu organización aprenden y se responsabilizan. Dales autonomía.

Si no te funciona, cambia a los líderes y pon a otros que trabajen de acuerdo con el método. Deshazte de todos los puestos adicionales de vigilancia y control. Cada persona es y debe ser el máximo responsable de lo que haga. Déjales que lo sean.

6. Forma una escuela de líderes

Preocúpate de que tus líderes sean personas que compartan los valores señalados en el método: confianza, esfuerzo, compromiso y responsabilidad. Guíalos para que se comprometan con la sonrisa del cliente. Enséñales a transmitir esta cultura desde el ejemplo.

Haz que se dediquen en cuerpo y alma a tratar a sus personas como artistas. A formarlos, dejarles practicar y a traspasarles la responsabilidad.

Estandariza el liderazgo de forma que cada persona sea responsable de sus funciones y del resultado de su trabajo, de manera que todos sean líderes. Facilita al máximo la autonomía de cada persona y su autodesarrollo.

Fórmalos continuamente en estos valores: tratar a las personas como artistas, liderar desde la confianza, traspasar la responsabilidad, facilitar el autodesarrollo.

7. Cuida a tus personas

Haz un plan para cuidar de tus personas.

Cuida de su salud física con un plan de medicina, rehabilitación, deporte y nutrición.

Cuida de su salud mental con un plan de *coaching*, *mentoring*, terapia y *mindfulness*.

Cuida de su seguridad con un plan de prevención de riesgos que integre la seguridad en cada puesto de trabajo.

Haz un plan contra incendios y forma a sus personas para que sepan actuar ante un incendio o una emergencia. Fórmales también en primeros auxilios y desfibriladores.

Haz que tus personas cuenten, que sean diferentes y puedan aportar su granito de arena en la sociedad. Que todo el mundo sepa que una persona de tu empresa es alguien con el que se puede contar.

Crea una cultura de «yo te cuido, tú me cuidas y entre todos nos cuidamos».

8. Comprométete con la sociedad

Mis vecinos son mis vecinos, mis clientes y mis trabajadores. Ayuda a las personas necesitadas de tu comunidad.

Haz un plan para estar cerca de los niños, de los jóvenes y de los mayores. Desarrolla un plan de becas para que los nuevos talentos de tu comunidad tengan las mejores oportunidades.

Fortalece el vínculo entre tus personas y tu comunidad a través de acciones formativas solidarias.

Crea una escuela de nuevos líderes donde los nuevos talentos de tu comunidad crezcan contigo.

Crea un plan para integrar a tu empresa y a tus líderes con protección civil, bomberos y fuerzas y cuerpos de seguridad

Epílogo

Querido lector:

Espero que el método propuesto te haya resultado interesante, te resulte efectivo y de fácil aplicación. Si te lo propones, te ayudará a conseguir tus objetivos o a mejorarlos. Mi consejo es que lo pruebes.

Como me decían mis padres, tú lo puedes conseguir. Solo depende de ti y de las decisiones que tomes.

Me despido de ti, agradeciéndote infinitamente la atención que me has prestado, tu tiempo y tu confianza.

Espero, humildemente, poder haberte aportado algo, un abrazo muy fuerte y ¡hasta luego!